다문화 공생을 위한
이문화 커뮤니케이션

다문화 공생을 위한

이문화 커뮤니케이션

多文化共生のための
異文化コミュニケーション

하라사와 이츠오(原沢伊都夫) 지음
장근수 옮김

한국문화사

다문화 공생을 위한
이문화 커뮤니케이션

1판1쇄 발행 2018년 4월 25일

원　　제　多文化共生のための 異文化コミュニケ-ション
지 은 이　하라사와 이츠오(原沢伊都夫)
옮 긴 이　장근수
펴 낸 이　김진수
꾸 민 이　홍윤환
펴 낸 곳　**한국문화사**
등　　록　1991년 11월 9일 제2-1276호
주　　소　서울특별시 성동구 광나루로 130 서울숲 IT캐슬 1310호
전　　화　02-464-7708
전　　송　02-499-0846
이 메 일　hkm7708@hanmail.net
홈페이지　www.hankookmunhwasa.co.kr

ISBN 978-89-6817-614-2　93300

이 도서의 국립중앙도서관 출판예정도서목록(CIP)은 서지정보유통지원시스템
홈페이지(http://seoji.nl.go.kr)와 국가자료공동목록시스템(http://www.nl.go.kr/kolisnet)
에서 이용하실 수 있습니다. (CIP제어번호: CIP2018009022)

이 저서는 2018년도 상명대학교 교내연구비를 지원받아 수행되었음.

'이문화 커뮤니케이션'이란 나와는 다른 문화, 다른 환경이나 조건 등에 놓인 사람과의 의사소통을 말한다. 이는 단순한 언어적 의사소통에 그치는 것이 아니라 자문화에 관한 정확한 이해와 더불어 상대방의 문화적 배경과 지식을 이해함으로써 비로소 진정한 소통이 가능하다는 것을 의미한다.

그렇다면 이문화 커뮤니케이션의 관점에서 우리가 생각해야 할 것은 무엇인가? 바로 우리와 다른 문화, 즉 이문화 접촉에 관한 이해와 대비가 필요하다는 것이다. 이문화 간 접촉에서는 상대방의 문화를 제대로 이해하지 못함으로써 크고 작은 오해, 즉 커뮤니케이션 갭이 발생한다. 언어적 커뮤니케이션은 물론 제스처와 같은 비언어적 커뮤니케이션도 여기에 해당한다. 커뮤니케이션 갭을 미연에 방지하고 또한 최소한으로 줄이려면 서로의 가치관과 문화에 관한 이해와 더불어 상호 존중의 정신이 필요하다.

세계화의 빠른 흐름으로 우리 사회도 이미 다문화사회에 접어들었다는 사실은 상식이 되었다. '2017년 출입국자·체류외국인 현황'을 보면 단기방문을 포함하여 한국에 체류 중인 외국인은 218만 명으로 집계되었다. 한국 주민등록인구 5178만 명의 4.2%의 규모라고 하니 실로 글로벌 코리아로서의 현재 위치를 가늠할 수 있다. 체류자의 국적별로는 중국인이 가장 많고 이어 베트남, 태국, 미국, 우즈베키스탄, 필리핀의 순서를 보인다. 이처럼 외국인 증가수가 빠른 속도를 보이는데 OECD 국가 중에서도 한국의 증가율이 가장 빠르다고 한다.

문제는 급속도로 늘어나는 외국인 수에 비해 우리 국민들은 과연 다문화 공생의 사회를 이해하고 받아들일 준비가 되어 있는지 생각해 볼 필요가 있다. 현재도 특정 국가나 국민을 비하하는 말로 그들에게 상처를 주거나 '저 나라 사람들은 안 돼'라는 식의 근거 없는 편견이 우리 마음속에 작용하는 것도 사실이다. 최근, 외국인 노동자의 증가로 범죄 사건이 사회적 이슈가 되기도 하고, 특정 국가나 국민에 대한 왜곡된 시선으로 그들에 대한 우리의 시선이 따뜻하지만은 않은 것 같다. 실제 조사에서도 우리나라 국민의 다문화 수용성은 선진국에 비해 여전히 뒤떨어지는 것으로 나타났다.

우리는 오랜 기간 한민족이란 단일민족, 단일국가를 형성해 왔다는 자부심을 가지며 남들과 다른 것을 피하면서 하나의 공동체라는 동질성을 지향해 왔다. 물론 지금까지도 오랫동안 주장해 온 단일민족이라는 개념은 논쟁거리가 되고 있지만 그러한 개념을 떠나 지구촌에 사는 우리는 함께 살아가야 하는 존재임에는 틀림이 없다.

함께 살아가는 다문화 공생 사회를 위해서는 우선 나와 상대방이 서로 '다름'을 인정해야 한다. 우리는 일상생활에서 종종 '다름'과 '틀림'을 구분하지 못하고 쓰는 경우가 있다. 흔히 '이건 질적으로 틀려', '저 사람은 나와 생각이 틀려' 등으로 '다름'을 써야 하는 상황에서 '틀림'으로 잘못 쓰는 경우를 종종 볼 수 있다. 언어적으로 잘못 사용되었다면 수정하면 될 법한 문제이기도 하지만 자칫 다름을 틀림과 동일하게 생각하지는 않은지 우리 스스로에게 자문해 볼 필요가 있다.

필자는 '다름'을 다른 말로 '다양성'이라고 생각하고 싶다. 나와 '다름'을 인정하는 정신이야말로 다문화사회를 지향하는 우리가 가져야 할 기초적인 소양이자 가치가 아닌가 생각한다. 문화도 마찬가지이다. 특정 문화가 우월하다거나 우리의 문화가 상대의 문화보다 뛰어나다는 방식의 접근은 또 다른 갈등을 낳을 가능성이 있다. 이보다는 우리의 문화와 상대방 문화의 차이를 인정하고 서로의 문화적 가치를 존중하는 문화상대주의적인 사고가 필요하다.

필자도 일본에서의 유학생활을 통해 일본이라는 이문화를 접하였고 그들의 문화적 습성을 한국의 문화와 비교하면서 그 차이를 직접 체험하였다. 그 속에서 많은 문화적 차이를 발견하였고, 실제로 이 때문에 오해가 발생한 경험 또한 많이 있다. 혹은 나중에 생각해 보니 당시에 했던 행동들로 상대가 기분이 상했거나 오해를 했을 수도 있다는 생각이 들곤 한다. 이러한 이문화 접촉이라는 개인적 경험을 통해 한국에서 생활하는 외국인을 비롯해 다른 문화권을 배경으로 하는 사람들이 겪고 있을 다양한 상황에도 관심을 가지고 그들이 어떻게 생각할지 고민하게 되었다. 우리가 가진 상식이 다른 이에게는 비상식이 되기도 하고, 그 때문에 의도치 않은 결과를 야기할 수도 있는 것이다.

다문화 사회를 살아가는 우리가 상대방의 관점에서 생각할 수 있는 이해와 배려의 마음을 가지고 소통을 한다면 분명 지금보다 상호이해의 폭이 넓어지고 상대방과 진정한 의미에서의 이문화 커뮤니케이션을 실행할 수 있을 것으로 확신한다.

2018년 4월
역자 장근수

'다문화 공생'이라는 말은 외국인 거주자가 늘어나기 시작한 1990
년대부터 시민단체를 중심으로 사용된 것으로 그전까진 거의 사용되
지 않았다. 그러나 현대사회를 말하는 데 반드시 필요한 단어 중 하나
가 되었다. 때마침 2013년에 2020년 도쿄올림픽 개최가 확정되었고
다문화 공생 사회를 구성하는 이문화에 대한 일본 국민의 관심은 더
욱 높아졌다.

일본 법무성(法務省)의 '재류(在留) 외국인 통계'에 의하면 1990년
대부터 중국, 브라질, 필리핀으로부터 인구 유입이 증가하였고 리먼
쇼크(미국 발 세계금융위기), 동일본 대지진의 영향으로 일시적으로
감소하였으나, 2013년부터는 다시 증가 추세가 이어져 2014년 현재
일본에 거주하는 외국인은 약 260만 명에 달한다.

일본에 거주하는 외국인 수는 앞으로도 증가할 것으로 예상되고
그것을 환영하든 환영하지 않든 세계로부터 고립된 일본을 지향하지
않는 이상, 외국인과의 공생은 피할 수 없는 현실이 되었다.

그렇다면 이와 같은 다문화 공생 사회를 받아들이려면 우리는 어떻
게 해야 할까? 엄격하게 말하자면 '다문화 공생 사회기본법' 등의 법률
적인 측면을 정비하는 것이 급선무일 것이다. 그러나 아무리 법률적인
정비가 완벽히 이루어진다고 해도 진정한 측면에서의 다문화사회는 어
려울 것이다. 이 법률들이 유효하게 운용되려면 현지에서 살아가는 일
본인들의 의식개선이 반드시 필요하기 때문이다.

지금까지 균일하고 획일적인 사회를 구성해 온 일본이기 때문에

다문화 공생 사회로의 전환은 역사적인 관점에서도 엄청난 전환점이 될 것이다. 하나의 공통된 가치관으로 살아 온 우리가 지금까지의 가치관을 바꾸고 우리와 다른 시점에서 생각하는 방법들에 대해 논의하는 시대가 도래한 것이다. 그렇다면 우리는 어떻게 의식을 바꿔야 할 것인가? 외국인이 증가한다면 자연스럽게 우리의 의식도 변화해 가겠지만 거기에 이르기까지는 많은 다툼이 생기기 마련이다.

새로운 사회를 받아들이는데 우리에게 필요한 것은 이문화를 바르게 이해하는 능력이다. 그러려면 이문화 커뮤니케이션의 지식을 습득할 필요가 있다. 이 책에서는 이문화 커뮤니케이션의 본질을 우리 주변에서 흔히 볼 수 있는 가까운 주제들로 정하고 이해하기 쉽게 설명하였다. 또한 다문화 공생 사회를 지지하는 소통능력을 고취하는 데 그 목표를 두고 있다. 이제는 올바른 이문화 커뮤니케이션 지식을 쌓아가는 것이 다가올 다문화 공생 사회를 살아가는 데 필수불가결한 조건이 되었다.

외국인과의 접촉이 없는 일반인의 주변에도 이문화적인 요소가 깔려 있다는 것을 여러분은 알고 있는가? 실제로 우리의 일상생활 곳곳에는 이문화적인 요소가 있다. 이러한 이문화와의 교류도 이문화 커뮤니케이션의 한 종류라고 할 수 있다. 우리는 매일 이문화와 접촉하며 '인생은 언제나 이문화와의 소통 속에 존재한다'라고 말할 수 있다.

그러나 외국인과의 만남이 적은 대다수의 사람은 이문화는 자신들과 관계가 없는 것이라고 생각할지도 모른다. 이문화 커뮤니케이션은 외국인과의 교류를 의미하는 것이라고 생각하는 사람이 많기 때문이다.

예전 TV광고에서 'お茶の間留学(거실에서의 유학)'을 대대적으로 선전하는 영어회화 학원이 있었다. 이 광고 문구 중 하나가 이문화 커뮤니케이션이었다. 이 학원의 광고에는 임팩트 있는 것이 많았는데

그 중에서도 우주인이 등장하는 광고는 아직도 많은 사람이 기억하고 있을 것이다.

우주인이 간사이(関西) 지방 사투리로 "異文化コミュニケーションちゅうのはやっぱりええと思うねんな(이문화 커뮤니케이션은 역시 좋다고 생각해)"라고 말하는 장면은 굉장히 인상 깊게 남아 있다. 이 광고에서는 영어회화를 할 수 있다는 것이 이문화 커뮤니케이션을 한다는 뜻이고 그것은 매우 멋진 일이라는 것을 소비자들에게 전달하고 있다.

대학에서의 수업을 살펴보아도 '이문화'라는 단어가 붙어 있는 과목들은 대체적으로 영어과목인 경우가 많다. 출판사에서 받은 교과서 리스트를 살펴보면 '이문화간의 이해와 오해', '이문화를 위한 커뮤니케이션', '잘못된 이문화 커뮤니케이션', '이문화 Cross road', '이문화 이해를 위한 실천학습' 등 이문화라는 문자가 나열된 것을 볼 수 있다. 영어를 배우는 것은 다시 말해 이문화 커뮤니케이션을 배운다는 것이다.

그러나 과연 이문화라는 것은 외국문화에만 한정하는 것일까? 여기에서 이문화에 관한 질문으로 다음 항목 중 당신이 이문화에 속한다고 생각하는 것은 어떤 단어들인지 해당하는 인물을 체크해 보자.

☐ 미국인   ☐ 인도인   ☐ 아빠   ☐ 엄마   ☐ 친구

☐ 상사   ☐ 재류외국인   ☐ 고향사람   ☐ 형제/자매

☐ 학교친구   ☐ 동료   ☐ 아이   ☐ 배우자(남편/아내)

전부 13개 종류의 사람들로 예를 들었다. 여러분이 생각하는 이문화는 몇 개 정도인가? 표시한 숫자에 따라 이문화에 대한 여러분의 생각을 어느 정도 알 수 있다.

체크한 숫자가 3개인 당신은 '이문화=외국인'이라고 생각하는 사람으로 '미국인', '인도인', '재류외국인'을 선택했을지도 모른다. 어쩌면 '재류외국인'에게는 일본 영주권이 있다고 생각하여 2개라고 대답한 사람도 있을 것이다. 어찌 되었든 '이문화는 외국'이라는 신념을 가진 사람인 것이다.

4~12개라고 체크한 사람은 이문화를 외국인만으로 한정하지 않고 같은 일본인이라도 이문화라고 해석하는 사람이다. 상사의 불합리한 태도에 질려버렸다든지 아이의 생각을 좀처럼 이해할 수 없다든지 배우자와 크게 싸우고 나서 대화하지 않는 등의 경험을 한 사람이라면 위와 같은 사람들을 이문화의 범주에 넣었을 가능성이 있다. 이러한 사람들은 이문화에 대한 해석을 상당히 유연하게 받아들이고 외국인에게 한정하고 있지 않다고 할 수 있다.

그러나 이 질문에 대한 모범답안은 13개이다. 즉 전부인 것이다. 우리 주변의 사람들은 모두 이문화에 속한다고 생각하는 것이 타당할 것이다. 이문화란 좁은 의미로 생각하면 외국인이라고 한정할 수 있다. 일반적으로 우리가 생각하는 이문화는 이러한 의미로 사용되는 경우가 대부분이다. 그렇기 때문에 외국어인 영어를 공부하고 외국인과 이야기하는 것이 이문화 커뮤니케이션이라고 생각하는 것이다.

그렇지만 학문적인 관점에서 이문화 커뮤니케이션을 정의하면 이문화를 외국으로만 한정할 필요는 없다. 이문화란 문자 그대로 '다른 문화'를 의미하고 국경선에 의한 구별은 의미가 없기 때문이다. 같은 나라 사람이라도 민족이 다르고 출신지가 다르고 세대가 다르고 가정환경이 다르다면 다른 문화가 되는 것이다.

모든 면에서 같은 사람은 있을 수가 없다. 아무리 사이 좋은 친구라도 자라온 가정환경이 다르고 같은 환경에서 살아온 부모 형제라 하더라도 의견 충돌이 없는 가정은 없을 것이다. 이 세상에 인간으로 태어나서 완전히 같은 삶을 살아온 사람이 있을까? 쌍둥이 형제조차도 아침부터 밤까지 똑같은 일을 하는 것은 아니다. 다른 경험을 하면서 다른 생각이나 관점을 갖게 되는 것이다. 이렇게 생각하면 자신 이외의 인간은 모두 이문화라고 할 수 있는 것이다.

이러한 사실을 인식하고 있는 사람이 몇 명이나 있을까? 서로가 같이 느끼고 같이 생각한다고 여기므로 자신과는 다른 타인의 말이나 행동에 화가 나는 것이다. 서로가 외국인처럼 다른 생각을 한다. 즉 이문화라고 생각하다면 지금까지와는 다른 인생관이 펼쳐지지 않을까?

이 책에서는 이문화 커뮤니케이션의 본질을 전달하고자 한다. 그것은 외국인과의 교류에 한정하는 것이 아니라 일상생활의 커뮤니케이션에 필수불가결한 것이다. 다문화 공생 사회에서는 외국인을 포함한 모든 인간과의 교류를 이문화 커뮤니케이션으로 의식할 필요성이 있다. 이 책을 통해 우리의 일상생활을 되짚어보면서 이문화 커뮤니케이션의 능력을 고취시켜 나갈 수 있기를 진심으로 바란다.

차례

제6장 / 여성의 관찰력은 명탐정 홈즈와 같다 (비언어 커뮤니케이션을 생각해 보는 장)

제7장 / 마법의 맞장구 (어서티브 커뮤니케이션을 이해하는 장)

제1장

모두가 다른 게 당연한 것

(문화에 대한 이해를 높이는 장)

제1장

모두가 다른 게 당연한 것
(문화에 대한 이해를 높이는 장)

【키워드】

□ 문화의 빙산모델　　　　　□ 보이는 문화

□ 보이지 않는 문화　　　　　□ 전체 문화(Total Culture)

□ 서브컬쳐(Subculture)　　　□ 다문화 다이어그램

□ 문화의 정의　　　　　　　□ 자민족 중심주의(Ethnocentrism)

□ 문화적 측면　　　　　　　□ 보편적 측면

□ 개인적 측면

　　이문화를 생각함에 있어 가장 중요한 '문화'의 개념을 알아보자. 문화에는 '보이는 문화'와 '보이지 않는 문화'가 있고 이문화 간 마찰이 일어나는 원인은 대부분 '보이지 않는 문화'에 의한 경우이다.

　　일본인의 전체 문화(Total culture)에는 다수의 서브컬쳐(Subculture)가 있다. 이러한 다문화 다이어그램을 완성시켜 타인과 다른 자신을 발견해 보자. 또한 문화의 정의와 문화적 측면, 보편적 측면, 개인적 측면의 차이에 대해 우리 주변의 사례를 생각해 보자.

스모(相撲) 대회의 관습

'머리말'에서 이문화에는 좁은 의미와 넓은 의미의 해석이 있고 이문화를 이해하려면 넓은 의미의 해석이 필요함을 설명하였다. 이 책에서는 이문화 커뮤니케이션를 논의하는데 그 전에 이문화의 기초가 되는 '문화'에 대한 이해가 필요하다. 이문화와의 교류라 하더라도 이문화의 전제가 되는 '문화'에 대한 개념이 모호하다면 이문화 커뮤니케이션을 논의할 수 없기 때문이다.

그렇다면 독자들은 평소 문화라는 것을 어떻게 이해하고 있을까? 갑자기 이러한 질문을 받는다면 어떻게 대답해야 하는지 곤란스러울지도 모른다. 그렇다면 구체적인 질문에 대답할 수 있도록 문화에 대한 인식 정도를 체크해 보도록 하자.

일본문화에는 어떤 것이 있을까? 어떠한 것이라도 좋으니 머릿속에 떠오르는 대표적인 일본문화 3가지를 적어보자.

(   )   (   )   (   )

문화를 설명할 때 가장 자주 사용되는 것이 **'문화의 빙산모델'**이다. 문화를 바다 한 가운데 표류하는 빙산으로 간주하고 바다 위로 나와 있는 부분을 **'보이는 문화'**, 바다 밑 부분을 **'보이지 않는 문화'**로 나누는 방식이다.

즉 문화에는 후지산, 가부키, 기모노, 스모, 스시, 사무라이, 애니메이션 등으로 대표되는 '보이는 문화'와 무사도, 와비(わび)/사비(さび)[1], 환상의 호흡(あうんの呼吸[2]), 섬세한 감각, 미적인 센스, 타인에 대한 배려심과 같은 '보이지 않는 문화'가 있다.

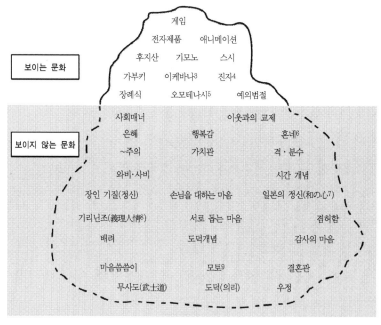

〈그림 1〉 일본문화

---

[1] [역주] 일본 미의식의 하나로 일반적으로 소박하고 정숙한 것을 가리킨다.

[2] [역주] 두 사람 이상이 같이 일을 할 때 서로의 미묘한 기분. 또한 그것이 일치하는 것.

[3] [역주] 生け花, 꽃꽂이.

[4] [역주] 神社, 신사.

[5] [역주] おもてなし, 대접·환대.

[6] [역주] 本音, 속마음.

문화를 생각할 때 많은 사람은 눈에 보이는 것을 상상한다. 여러분이 떠올리는 문화는 어떠한 것인가? 대부분의 사람들이 '보이는 문화'를 괄호 안에 적었을 것이다. 만약 지금까지 이문화 커뮤니케이션을 배운 적이 없는데도 '보이지 않는 문화'를 적었다면 당신은 문화에 대한 인식이 상당히 높은 수준이라 할 수 있다.

　'보이는 문화'와 '보이지 않는 문화'는 본질적으로는 하나라고 할 수 있다. 예를 들어 '스모 대회'는 성인 남성이 탈의한 채로 부딪히는 격투기라는 점에서 '보이는 문화'라고 할 수 있다. 반면 전통적인 관습이 있다는 점에서는 '보이지 않는 문화'에 속한다고 할 수 있다.

　유명한 일화가 있다. 당시 모리야마(森山) 관방장관(여성)이 스모 대회 우승자에게 내각총리대신 우승트로피를 증정하고자 '도효(土俵, 씨름판)' 위로 올라가려 했으나 일본 스모협회로부터 제재를 받은 사건이 있었다. 이것은 여성은 도효에 올라갈 수 없다는 '보이지 않는 문화'가 작용된 하나의 사례라 할 수 있다. 또한 몽고 출신의 '아사쇼류(朝青竜)'라는 리키시(力士, 씨름꾼)가 도효 위에서 한 승리 포즈가 '요코즈나(橫綱, 스모에서의 최고위)'의 품위를 해친다는 비판을 받은 것도 '보이지 않는 문화'에서 비롯된 일이라고 할 수 있다.

　이와 같이 생각해 보면 하나하나의 문화 자체에 '보이는 문화'와 '보이지 않는 문화'의 양면이 있다고 할 수 있다. 다음 질문에 답을 해보며 이 점을 조금 더 이해해 보자.

---

7 [역주] 개인의 이익보다 집단의 질서와 조화, 예의를 중시하는 정신.
8 [역주] 일본 사회의 고유한 생활규범이다. 기리(義理)는 일반적으로 사회에 존재하는 도덕이나 습관으로 사람들이 실천해야 하는 바른 도리를 말한다. 닌조(人情)는 개인이 보편적으로 느끼는 본능적 욕구를 말한다.
9 [역주] motto, 좌우명

아래에 예로 드는 일본문화가 보이는 부분이 많다면 ○, 보이지 않는 부분이 많다면 ×로 표시하고, 보이는 부분과 보이지 않는 부분이 혼재해 있다면 △로 표시하자.

(1) (　　) 신칸센(新幹線)

(2) (　　) 인사습관

(3) (　　) 생사관(죽음과 삶에 대한 인식)

(4) (　　) 가라오케

(1)은 눈에 보이는 부분이 크므로 ○이지만, 신칸센을 타는 방법, 승차 매너, 승무원의 서비스 등을 고려해 본다면 보이지 않는 부분이 없다고는 할 수 없다.

(2)는 표면적으로는 '보이는 문화'이지만 상대에 따라 머리를 숙이는 방법을 달리한다는 측면을 고려하면 '보이지 않는 문화'도 중요하다. 친구 사이에는 가볍게 인사하는 정도로 고개를 숙이지만 손윗사람을 만나면 머리를 좀 더 숙이게 된다. 사과를 할 때도 머리를 숙이면 숙일수록 상대방에 대해 사과하는 마음을 전달하는 정도가 강해지게 된다. 따라서 이러한 측면을 고려했을 때 △가 적절할 것이다.

(3)의 죽음을 어떻게 생각하는가는 개인에 따라, 국가에 따라, 종교에 따라 달라진다. 즉 겉으로는 알 수 없는 '보이지 않는 문화'에 해당되므로 답은 ×가 된다.

(4)의 가라오케는 지금은 전 세계인이 즐기고 있는 오락문화가 되었다. '보이는 문화'의 대표적인 예이므로 ○가 될 것이다. 다만 각 나라마다 노래를 부르는 규칙이 다르다. 서양에서는 음식점 등의 가

게에서 노래를 부르는 것이 일반적이어서 어지간히 노래에 자신이 있지 않으면 가라오케에서는 잘 부르지 않는다고 한다.

일본에서도 가라오케가 보급되기 시작한 무렵에서는 클럽이나 술집 등에서 노래를 부르는 것이 일반적이었다. 일본에 온 유학생들이 허물없는 친구들끼리 가라오케에 가고, 그다지 노래를 잘하지 못하더라도 가라오케에서 노래를 할 수 있다는 것을 알게 되고서는 가라오케에 푹 빠져버렸다는 이야기를 자주 들었다. 이러한 것을 생각하면 '보이지 않는 문화'도 존재한다고 할 수 있다. 이처럼 빙산모델의 보이는 문화로 표시된 예에서도 보이지 않는 문화적 요소가 있다는 것이다.

이 질문들의 답은 어디까지나 참고적인 예일 뿐 절대적인 것은 아니다. 요점은 문화에는 보이는 부분과 보이지 않는 부분이 있고, 양쪽이 표리일체가 되어 문화의 개념을 형성하고 있다는 것이다.

보이지 않기 때문에 오해가 생긴다

이미 알고 있듯이 '보이는 / 보이지 않는 문화'의 구별은 커뮤니케이션에 있어서 상당히 중요하다. 왜냐하면 우리 주변에서 일어나는 문제는 이 '보이지 않는 문화'가 원인이 되는 경우가 많기 때문이다. '보이지 않는 문화'는 계약서처럼 명문화되어 있지 않기 때문에 당사자에 따라 해석이 달라지는 경우가 있다. 앞서 언급한 '여성 관방장관'이나 요코즈나 '아사쇼류'의 문제가 좋은 예이다.

스모는 일본을 대표하는 전통스포츠이니 만큼 이런 문제는 매스컴에서 크게 다루어지고 사회문제화가 된 것이다. '아사쇼류' 사건은 품

격론이라는 문제에서 외국인 리키시(力士)의 관리책임, 스모계의 체질에 대한 비판이라는 형태가 되어 세상을 떠들썩하게 하였다. 어찌 되었든 국기(国技)로 불리는 스모의 '보이지 않는 문화'에 대한 해석의 차이가 이와 같은 문제를 일으킨 계기가 되었다고 볼 수 있는 것이다.

이처럼 같은 일본이라는 나라 안에서조차 사물, 관념에 대한 생각의 차이로부터 큰 문제가 야기되기 때문에 다른 나라와의 교섭에 있어서도 상대방의 입장을 충분히 배려할 필요가 있다. 영토 문제는 그 중 가장 두드러진 경우로 서로의 주장이 다른 '보이는 문화'뿐만 아니라 서로의 '보이지 않는 문화'까지 세심한 주의를 기울일 필요가 있다.

센카쿠(尖閣, 중국명 댜오위다오) 문제가 이렇게까지 악화된 이유에 대해 당시 노다(野田) 수상이 APEC(아시아·태평양경제협력회의) 회의장에서 중국의 후진타오 주석과 냉정하게 대응하기로 합의했음에도 3일 후 센카쿠 열도의 국유화를 발표함으로써 중국의 체면을 구긴 것이 원인이 되었다고 보도하고 있다. 중국인들이 체면을 중시한다는 문화는 이문화 커뮤니케이션의 세계에서는 상식이다.

만약 이것이 사실이라면 일본을 대표하는 수상이나 수상을 보좌하는 외무대신과 관료는 중국이라는 이문화에 대한 대처 방식을 다시 생각해야 할 것이다. 이문화와의 커뮤니케이션에서는 다른 주장은 주장으로서 받아들이는 한편, 상대방의 '보이지 않는 문화'에 대한 배려도 결코 잊어서는 안 되는 요소이기 때문이다.

나의 상식, 다른 사람에게는 비상식?

이야기가 외교문제로까지 확대되었는데 국내외를 포함하여 이 '보이지 않는 문화'에 대해 우리는 그다지 신경을 쓰지 않는다. 그리고 그것이 여러 오해의 원인이 되는 경우가 있다. 예를 들어 다음의 경우는 상식일까?

상식이라고 생각하는 경우는 ○, 그렇지 않다고 생각하면 ×, 어느 쪽이라고 할 수 없는 경우는 △를 표시하자.[10]

(1) (　　) 반 년 만에 부모님을 만나도 서로 안아주지 않는다.
(2) (　　) 친구와 약속하면 약속한 시간에 늦지 않게 가려 한다.
(3) (　　) 계절에 따라 입는 옷을 바꾼다.
(4) (　　) 매일 밤 욕조에 들어가 목욕을 한다.
(5) (　　) 친구나 동료와 점심을 먹고 각자 따로 계산한다.

일본인이라면 다섯 가지 모두 당연히 상식이라고 대답한 사람이 많을 것이다. 그러나 모두 ○인 사람이 있는 반면, 질문에 따라서 △인 사람도 있을 것이다. 많은 일본인은 ○(또는 △)로 표시했을 것이다. 그러나 이 상식은 어디까지나 일본인의 상식이고 외국인에게는 반드시 상식이라고 할 수 없다. 외국인에게 같은 질문을 한다면 ×인 사람이 많을 것이다. 각각의 질문에 대해 외국인의 시점에서 살펴보자.

(1)의 내용은 유럽 사람에게는 있을 수 없는 태도로 비칠 것이다. 어느 대학의 일본인 교원(여성)이 국제회의 일정으로 독일을 방문했을 때의 이야기이다. 마침 딸이 독일의 대학에서 유학생활을 하고 있어 알고 지내는 독일인과 함께 딸을 만나러 가게 되었다고 한다. 그때의 모습을 보고 있던 독일인은 두 사람의 태도에 상당히 놀랐다고

---

[10] 하라사와(原沢, 2013) 『異文化理解入門』 研究社(p.33)에서 인용.

한다. 오랜만에 만나는 모녀간의 상봉이었음에도 서로 안아주지 않는 두 사람의 태도는 마치 애정이 없는 차가운 관계로 보였기 때문이다.

내가 어느 민간단체에서 브라질인에 대한 연구를 담당할 때 이와는 반대의 광경을 목격한 적이 있다. 브라질에서 일본어를 가르치고 있던 일본인 교사가 잠시 귀국하였고, 수개월 만에 브라질 학생을 만나러 온 것이었다. 그때의 모습은 강한 충격으로 나의 뇌리에 새겨져 있다. 이 교사는 자신이 가르치는 브라질 학생을 보자마자 한 사람 한 사람씩 힘껏 안아주기 시작했다. 게다가 그 행동은 거짓이 아닌 듯 보였다. 이 이상 어떻게 더 반겨줄 수 있을까 싶을 정도로 학생들을 힘껏 안아주었던 것이다. 일본인의 입장에서 보면 전쟁에서 죽었다고 생각한 자식이 살아서 돌아온 것 같은 특별한 모습이었을 것이다. 이 일본인 교사는 브라질 생활이 길었고 현지화가 되었던 것이다. 그렇다고 하더라도 브라질 스타일의 재회 인사에 놀란 것은 사실이었다.

일본인들을 살펴보면 반년간 만나지 않았더라도 서로 안아주며 인사하는 경우는 흔치 않다. 물론 그중에는 그렇지 않은 일본인도 있을 것이다. 내 수업을 듣는 학생 중 스킨십이 잦은 가정환경에서 자란 여학생이 있는데 이 질문에 부모님과 포옹한다고 대답했던 것이 인상적이었다.

(2)는 시간 개념에 관한 질문이다. 동남아시아나 라틴 국가에서 약속 시간은 어디까지나 대략적인 시간으로 그 시간까지 절대적으로 가야 한다는 것은 아니다. 5분, 10분 늦는 것은 당연한 일로 여긴다. 외국에서 친구 집의 파티에 초대받은 일본인이 시간 전에 도착해서 집 주인을 당황하게 했다는 이야기를 흔히 듣곤 한다. 파티는 빨라도 30분 정도 늦게 가는 것이 상식인 나라가 많기 때문이다.

브라질 사람들이 일본에 와서 처음 놀라는 것이 일본의 TV프로그램이라고들 이야기한다. TV프로그램이 정해진 시간대로 진행되기 때문이다. 1분 1초도 틀어지는 법이 없다. 일본인에게는 당연한 것이지만 브라질인의 감각으로는 있을 수 없는 일인 것 같다. 나도 브라질에서 체류한 적이 있지만 브라질에서는 프로그램이 1분 정도는 늦거나 빠른 경우가 종종 있었다.

(3)의 '계절에 따라 입는 옷을 바꾼다'는 일본인에게는 당연한 상식이다. 패션에 신경을 쓰는 사람이라면 4계절마다 다른 옷을 입을 것이다. 패션에 그다지 신경 쓰지 않는 나 역시도 여름, 겨울, 봄·가을 3번의 계절에 따라 다른 옷을 입는다.

그러나 적도 부근의 더운 나라는 4계절의 구분이 거의 없이 1년 내내 같은 기후가 이어진다. 이런 나라 사람들은 더우면 옷을 벗고 추우면 옷을 입는 조절만으로 살아간다. 일본과 같이 봄옷, 여름옷, 가을옷, 겨울옷 등 계절에 따라 디자인, 색, 소재 등을 바꾸는 감각은 없다. 더운 나라에서 온 유학생을 보고 있으면 겨울에도 여름옷과 같은 얇은 옷을 여러 장 겹쳐 입는 것을 볼 수 있다. 젊은 일본인 중에도 겨울에 T셔츠를 걸치는 사람도 있기 때문에 일본인이라고 해서 모두가 계절마다 옷을 바꿔 입는다고 할 수는 없을 것이다.

(4)의 '욕조에 매일 들어간다'는 당연한 상식이라고 생각하지만 실은 이것도 일본인들만의 습관이다. 외국인은 보통 욕조에 들어가는 것이 아니라 샤워를 한다. 욕조에 들어가도 몇 주에 한 번 정도이다. 이웃나라인 한국이나 중국도 역시 샤워를 한다. 때를 미는 문화를 가진 한국조차 욕조에 들어가는 것은 고작해야 1주일에 한 번 정도라고 한다.

일본인의 목욕 사랑은 유명한데 몇 가지 이유를 생각할 수 있다. 먼저 일본은 물이 풍부하다. 아무리 사용해도 물이 부족한 경우는 드물다고 할 수 있다. 다음으로 일본의 높은 습도가 일본인을 욕조로 이끈다. 유럽과 같은 건조한 기후에서는 매일 몸을 씻지 않아도 어느 정도 버틸 수 있지만 일본에서는 그럴 수 없다. 게다가 선진국이라고 하는 일본은 목욕이나 샤워를 할 수 있는 설비가 잘 갖추어져 있다. 내가 어렸을 때(1960년대)는 매일 욕조에 들어가는 일본인은 그다지 없었다. 당시에는 욕조가 없는 집도 많았고 이틀에 한 번 꼴로 목욕탕에 가는 사람도 많았던 것 같다.

몸을 씻는 행위는 서양에서는 주로 아침에 이루어진다. 나도 미국에서 유학할 때에는 아침에 샤워를 하고 학교에 갔었다. 일본에서는 손님을 집에 초대하면 욕조 물을 데워서 제일 먼저 들어가게 하는 것이 예의이다. 홈스테이를 한 유학생이 저녁 식사 전에 욕조에 들어가기를 권유받자 자신을 더럽다고 생각하는 것 같아 충격을 받았다는 이야기도 있다. 이것도 목욕 문화의 차이에 의해서 비롯된 오해이다.

일본인이라도 인터넷 등을 찾아보면 매일 욕조에 들어가지 않는 사람도 있다는 것을 알 수 있다. 뜨거운 여름에는 샤워만 하는 경우도 많다. 우리 집 아이는 대학생 때 혼자 살았던 집에서 좁은 욕조에 들어가는 것이 싫어서 대학원을 포함한 6년간 샤워만 하고 지냈다고 한다. 일본인은 막연하게 매일 욕조에 들어간다고 생각하지만 잘 생각해 보면 반드시 그런 것만은 아닌 것 같다.

(5)의 예는 더치페이 문화에 관한 것이다. 일본인은 선배와 후배, 상사와 부하직원 등 상하관계의 경우에는 선배나 상사가 돈을 내는 경우가 많지만 친구나 동료 간에는 더치페이가 일반적이다. 친구들과 패밀리 레스토랑 등에 가게 되면 개인 별로 계산하는 경우가 다반사이다. 계산이 한꺼번에 이루어지는 경우에는 1엔 단위까지도 확실하게 나누어 내는 경우도 있다.

이런 일본인을 보고 한국이나 중국의 유학생은 '일본인은 인색하다', '돈에 옹졸하다'라고 느끼는 것 같다. 한국이나 중국에서는 친구 중에서 한 명이 내는 경우가 일반적이고 다음 번 식사 때 다른 사람이 내는 방식으로 돌아가면서 내는 경우가 많다고 한다.

사이가 좋은 친구끼리 더치페이를 하면 서먹서먹하다고 생각한다. 항상 같은 사람과 식사를 하는 것이 아니기 때문에 당연히 자주 내는 사람과 그렇지 않은 사람이 있을 수 있지만 그 부분은 적당히 하고 있다고 한다. 다만 한국인도 친구와 술을 마시러 갈 때 누군가가 모두 계산하는 것이 신경 쓰이기 때문에 일본 생활에 익숙해지면 더치페이 방식이 고민되지 않아 좋다는 사람도 있다. 참 재미있는 일이다.

이처럼 세상에는 여러 상식이 존재하고 일본의 상식이 세상의 상식이 아니라는 것을 이해하는 것이 중요하다. 그리고 같은 일본인이라고 해도 반드시 같은 생각이나 습관을 공유하고 있는 것은 아니라는 것도 사실이다. 즉 사람에 따라 다른 것이다. 일본문화라고 해서 모든 일본인에게 적용되는 문화는 존재하지 않는다고 할 수 있다.

도시에서 방황하는 지방 사람

자신들의 생활을 한번 돌이켜 보도록 하자. 자신이 상식이라고 생각하던 것이 상식이 아니었던 경험을 한 적이 있는가? 혹은 주변 사람의 생각지도 못한 행동에 당황했던 경험이 있는가? 과거를 돌이켜 보면 이런 경험을 어렵지 않게 생각해 낼 수 있을 것이다.

도쿄(東京)라는 지역으로 매년 많은 사람이 상경한다. 지방에서 도쿄로 상경했을 때 가장 당황스러운 것이 바로 도시문화이다. 나는 야마나시(山梨)에서 태어나 고등학교를 졸업할 때까지 야마나시를 벗어난 적이 없었다. 도쿄에 있는 대학에 진학하고 처음으로 야마나시 밖의 세상을 알게 되었다. 도쿄에 와서 가장 처음 놀랐던 것은 도시 사람의 걸음속도였다. 무슨 바쁜 일이라도 있는 것처럼 빠르게 걷는 느낌이 들었다.

그리고 고슈(甲州) 사투리를 쓸 수 없는 것도 힘든 일이었다. 막 상경했을 무렵 도쿄 출신의 한 친구에게 'もっとこっちへこうし11'라고 말했을 때 그 친구는 멍하니 나를 바라봤다. 내가 말한 것을 못 알아들은 것이다.

'こうし'는 고슈 사투리로 '来てください(와 주세요)'라는 뜻이다. 'もっとこっちへ来てよ(조금 더 이쪽으로 와)'라고도 말했지만 억양이 달랐던 탓인지 전혀 통하지 않았다. 이런 것도 무의식적으로 나의 상식을 상대방에게 관철시키고자 했던 한 예라고 할 수 있다. 다만 NHK 아침 연속 TV소설 '花子とアン(하나코와 앤)'이라는 드라마의 인기로 고슈 사투리가 알려져 지금은 이전만큼은 아닐 거라고 생각된다.

반대로 도쿄에서 야마나시로 온 사람이 놀라는 경우도 적지 않다. 도쿄에서 온 친구의 이야기인데 고슈 지방의 고후(甲府)역 근처 음식점에 들어가서 '가츠동(カツ丼, 돈가스 덮밥)'을 주문했더니 밥 위에 돈가스와 잘게 썬 양배추, 감자 샐러드가 함께 올라가 있어 어떻게 먹어야 하는지 몰라 난처했다고 한다.

고슈의 가츠동은 돈가스를 그대로 돈부리 밥 위에 올려놓은 것이라

---

11 [역주] 'もっとこっちへ来てください(조금 더 이쪽으로 와 주세요)'의 고슈(甲州) 말투.

고 생각하면 된다. 먹는 방법은 돈가스 위에 소스를 뿌리고 그대로 먹는 것이다. 일반적으로 말하는 '가츠동'은 야마나시에서는 '니가츠동(煮ｶ ツ丼)'이라고 불린다. 다만 최근에는 '가츠동'을 시키면 '니가츠동'이 나오는 가게가 많이 늘어나기도 했다.

고슈의 가츠동(ｶ ツ 丼)

지방에서 온 사람이 도쿄에서 가장 곤란한 것이 바로 지하철이다. 마치 미로같이 얽혀 있는 지하철 노선도를 보고 있는 것만으로도 머리가

일반적인 가츠동(ｶ ツ 丼)

지끈지끈해진다. 게다가 'Tokyo metro'와 '도에이(都営)지하철'이라는 두 회사가 서로 얽혀 있어 더욱 복잡하다. 그래서 지방 사람들이 가장 두려움을 느끼는 것이 지하철을 환승하는 일이라고 한다. 노선도를 보고 환승하려고 지하철에서 내려서 안내도를 따라 계속해서 걸어도 환승역이 나오지 않는다.

대개 환승역은 같은 역 안에 있기 때문에 수십 미터 걸어가면 나오지만 도쿄는 무려 몇 백 미터나 걸어야 하는 곳이 많다. 닛케이(日経)신문 기사(2011년 6월 17일)에 따르면 400미터 이상을 걸어야 하는 환승역이 28개나 있고, 500미터 이상을 걸어야 하는 곳도 13개나 있다고 한다. 가장 긴 곳은 지요다선(千代田線) '곳카이기지도마에(国会

議事堂前)'와 난보쿠선(南北線) '다메이케산노(溜池山王)'를 잇는 환
승역으로 750미터, 걸음으로 1181보, 22분 정도가 소요된다고 한다.

이렇듯 환승이라기보다는 가까운 다른 역으로 가는 느낌이 들고, 환
승에 따라서는 개찰구를 나가야 하는 곳도 있어서 도대체 어떻게 해야
하는지 모르는 경우도 있다. 시즈오카(静岡) 현에 살고 있는 나도 일
때문에 도쿄에 갈 때가 종종 있는데 전철이나 지하철을 환승해서 걸어
가면 무척 피곤하다. 지방 사람들은 주로 차로 이동하기 때문에 오래
걸을 일이 없다. 도쿄 사람들은 운동이 따로 필요 없을 것 같다.

회사에서도 다양한 문화가 있다. 대학 교원이 되기 전에 내가 일하던
회사에서는 상사에게 주겐(中元)12과 연말에 명절 선물을 보냈었다. 그
래서 대학 교원이 되어서 채용을 결정해 준 대학 상사에게 선물을 보냈
지만 정중히 거절했다. 교원 사이에는 이러한 문화는 없다고 한다. 예전
회사에서는 행해졌던 것들이 허례허식의 잔재로 여겨지고 없어지는 추
세가 강한 듯하다. 의례적인 보답에 관한 것들은 없어지고 있는 것 같다.

가미다나(神棚)13를 두고 있는 회사도 종종 있다. 많은 건설회사에
서는 매일 아침 조례를 시작하고 가미다나를 향해 안전을 기원한다고
한다. 일을 시작하기 전에 단체체조를 하는 회사도 있다. 해외로 이전
한 공장에서 단체체조를 실시하는 모습을 다큐멘터리 프로그램에서
본 적이 있다. 현지 사람들은 어떻게 느끼고 있을까?

이와 같이 우리 주변을 살펴보면 여러 형태의 상식이 넘쳐난다. 그만
큼 자신이 당연하다고 믿어온 가치관이 반드시 그렇지만은 않은 것이다.

---

12 [역주] 음력 7월 15일, 백중날
13 [역주] 가정이나 사무실 등에서 신을 모시는 선반 또는 작은 제단.

세상에 단 한 명뿐인 나

"NO.1にならなくてもいい もともと 特別な ONLY ONE(1등이 아니어도 괜찮아. 이미 특별한 ONLY ONE)" 2003년 SMAP가 불러 히트를 시킨 '世界に一つだけの花(세상에 단 하나뿐인 꽃)'이라는 노래가사의 일부분이다. "우리는 NO.1이 아닐지도 모르지만, 한 사람 한 사람이 다른 꽃을 피울 수 있는 Only One이야."라는 메시지가 감미로운 멜로디와 어우러져 사람들의 마음을 끌었다. 경쟁사회에 지쳐 자기 자신이 존재하는 의미를 찾지 못하는 많은 사람이 공감한 노래 중 하나이다. 사실 이 밀리언셀러 곡의 가사 내용에는 이문화 커뮤니케이션이 지향하는 바와 통하는 면이 있다.

앞 절에서 언급한 바와 같이 같은 문화라고 하더라도 '보이는 문화'와 '보이지 않는 문화'라는 양면이 있듯이 이문화 간에 생기는 다양한 문제의 배경에는 이 '보이지 않는 문화'가 원인이 되는 경우가 많음을 확인하였다. 이러한 문화에는 크고 작은 여러 형태가 있을 수 있지만 크게 보면 '**전체 문화(Total Culture)**'와 '**서브컬처(Subculture)**'로 나뉜다.

머리말에서 서술했던 좁은 의미에서의 문화가 전체 문화(Total Culture)라고 이해하면 좋을 것이다. 일본문화, 미국문화, 중국문화 등이 여기에 속한다. 한편 이에 반해 서브컬처(Subculture)라고 하는 작은 문화도 있다. 이것은 개개인이 가지고 있는 문화를 의미한다. 예를 들어 연령, 출신지, 자라온 가정환경, 직업, 현재 가족, 취미, 종교, 민족, 해외경험, 성별 등은 각각의 개인을 지탱하는 서브컬처라고 할 수 있다. 스스로가 어떤 서브컬처를 가지고 있는지 아는 것은 상대 문화를 아는 것 이상으로 중요한 것이다.

자신을 지탱하고 있는 서브컬처를 이해하려면 다음과 같은 **다문화 다이어그램**을 완성시켜 보는 것이 좋다.[14] 당신의 다문화 다이어그램은 어떤 형태인가?

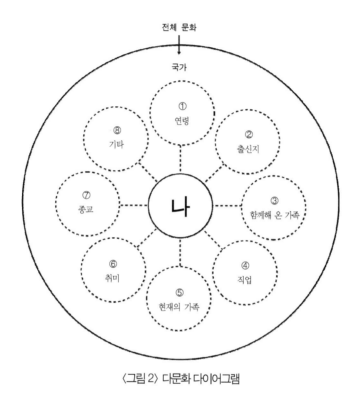

전체 문화

국가

① 연령

② 출신지

⑧ 기타

나

③ 함께해 온 가족

⑦ 종교

④ 직업

⑥ 취미

⑤ 현재의 가족

〈그림 2〉 다문화 다이어그램

완성된 자신의 다이어그램을 살펴보자. 자신의 서브컬처가 일목요연하게 나타나 있을 것이다. 하나하나의 서브컬처에 대해 생각해 보자. 자신의 어떤 점이 다른 사람들과 다른지 실감할 수 있을 것이다.

---

[14] JAFSA夏期研究会分科会C(2001)「異文化体験から学ぶ~教育的アプローチ理論編資料」(p.4)를 참고하였음.

이와 같은 문화를 똑같이 경험한 사람이 자신 이외에 또 존재할까? 우리가 가지고 있는 문화는 우리 자신이고, 세상을 둘러봐도 같은 문화를 가진 사람은 결코 존재하지 않는다. 이 세상에 나와 같은 존재는 단언컨대 단 한 명도 없다. 그야말로 세상에 단 하나밖에 없는 나 자신인 것이다.

자기 자신의 다문화 다이어그램을 보면서 현재 나에게 어떤 문화가 가장 중요한지 생각해 보자. 나의 경우에는 현재의 가족과 직업이 가장 중요한 문화라고 생각한다. 이 2가지 문화를 중심으로 내 자신의 가치관이 형성되어 있다.

이에 비해 출신지나 자라온 가정환경 등은 그렇게 중요하지 않은 것 같다. 자신을 지탱하는 문화는 끊임없이 변화한다. 매일 스스로가 성장하기 때문이다. 과거 자신과 현재의 자신이 다르다는 것을 알고 스스로가 현재 무엇이 가장 중요한 것인가를 확인하는 것이 의사결정에 있어서 매우 큰 영향을 미친다.

여러분을 지탱하는 서브컬처 중에서 모순되는 것은 없는가? 내 경우에는 출신지 말투인 고슈 사투리는 야마나시에 갔을 때만 사용한다. 도쿄에 처음 왔을 때 고슈 사투리를 사용해서 웃음거리가 되거나 가끔 말이 통하지 않을 때가 있었다. 익숙한 사투리를 쓸 수 없는 것은 도쿄 생활에 익숙해지기까지 나에게는 스트레스가 되었다.

또한 어렸을 적에 종교상의 이유로 예방접종을 받지 못했던 적이 있다. 이런 것들도 일본이라는 전체 문화(Total culture)의 일반개념에 반하는 행위였다. 어렸을 때였기 때문에 주위 친구들의 표정이 아직도 생생하다. 특정 종교를 믿는 사람이 사전에 수혈을 거부했음에도 그 의지에 반해 수혈을 진행한 병원을 상대로 소송을 제기한 경우도 있다. 이 사건의 경우도 이러한 모순이 드러난 예라고 할 수 있다.

유학생 중에는 힌두교를 믿거나 이슬람교를 믿는 학생들이 있다. 그들은 술을 마시지 않고 소고기나 돼지고기를 먹어서는 안 되는 그들만의 규율이 있다. 신앙심이 깊은 신자의 경우 음식 중에 육즙이 들어가도 안 된다고 한다. 그렇다면 일본에서는 먹을 수 있는 음식이 거의 없게 된다. 이런 유학생은 일본이라는 전체 문화에서 살아가는 것이 큰 스트레스가 되는 것이다.

여러분 중에도 이러한 서로 다른 문화를 가지고 있는 사람들이 있는가? 만약 여러 일이 순조롭지 않다고 느끼는 사람은 한 번쯤 자신의 서브컬처를 되돌아보면 어떨까? 어쩌면 이런 서브컬처 안에 큰 스트레스를 내포한 요인이 숨어 있을지도 모른다. 원인을 알게 된다면 그 대처법도 생각해 낼 수 있을 것이다.

다문화 다이어그램에는 이것 외에도 다양한 활용법이 있다. 친구들과 다이어그램을 함께 만들어 서로 비교해 보는 것도 재미있을 것이다. 분명히 공통된 문화가 존재할 것이다. 예를 들어 취미가 같다든가, 노래방에 가는 것을 좋아한다든가, 같은 지역 출신이라든가, 세대가 같다든가 등의 몇 가지 공통점을 찾아낼 수 있을 것이다. 우리는 이와 같은 공통점을 통해 같이 이야기하고 일종의 연대감을 만들 수 있다.

같은 해에 태어난 사람들이 모여서 쇼와(昭和) ××년, 헤이세이(平成) ××년 모임을 만든다거나 입사동기 모임을 통해 정보를 교환하고, 동창회가 열리는 것도 같은 문화를 공유하는 사람끼리 서로 즐기고 있다는 증거이다.

다른 사람은 모두 이문화라고 언급했지만 서브컬처와 같은 문화를 공유할 수 있다. 친구가 될 수 있는 이유 중 하나가 문화의 공유에서 비롯될 수 있기 때문이다. 일본을 방문하는 많은 유학생은 일본인 친구를 만드는 것이 어렵다고 말한다. 그러나 그렇게 어렵지 않다고 생각한다. 자신의 문화와 공유할 수 있는 사람을 찾으면 되는 것이다. 음악을 좋아한다면 음악 동아리에 가입하고, 농구를 잘한다면 농구부에 들어가면 되는 것이다. 그렇게 한다면 손쉽게 친구를 만들 수 있다. 음악이나 농구라는 서브컬처 덕택에 언어적 소통이 어렵더라도 서로 마음이 통할 수 있기 때문이다.

나 역시 해외를 돌며 유학생활을 경험했지만 현지 사람들과 사귀지 못해 곤란한 적은 없었다. 취미인 테니스나 마술을 통해서 많은 친구를 사귈 수 있었다. 유학생활 중 일본인들끼리 뭉쳐 다니며 생활을 하는 학생들을 많이 봐왔다. 그들도 처음 왔을 때는 현지 친구들을 사귀려고 많이 노력했겠지만, 이내 포기하고 일본인들끼리 지내게 되었을 것이다.

무턱대고 친구가 되려고 해도 역시 힘든 일이다. 언어도 문화도 다른 사람에게 흥미를 가지고 친하게 대해주는 사람은 좀처럼 찾아볼 수 없다. 그것보다는 자신과 공통된 문화를 가진 사람들을 찾는 것이 훨씬 간단하다.

만약 당신에게 친한 친구가 있다면 어떤 문화를 공유하고 있는지 생각해 보는 것도 재미있을 것이다. 어떤 새로운 발견이 있을지도 모른다. 애인이나 배우자 등 진심으로 자신에게 있어 중요한 사람이라면 두 사람 간의 유대를 강화하고자 서로 공유하는 문화를 다시 한 번 생각해 보는 것도 의미 있는 일일 것이다.

인생 이모저모, 문화도 각양각색

그렇다면 문화는 어떻게 정의할 수 있을까? 문화를 한마디로 표현하기는 어렵다. 지금까지도 문화인류학자, 철학자, 사회학자, 언어학자 등 많은 연구자가 다양한 정의를 주장해 왔지만 누구나 인정할 수 있는 통일된 견해는 확립되어 있지 않다.

다만 문화의 다양한 정의에는 공통된 특징이 많고 그것을 정리하는 것은 가능하다. 이 책에서는 이와 같은 다양한 정의에 보이는 공통적인 특징을 아래 6가지로 정리하여 문화의 구체적인 내용을 살펴보고자 한다.[15]

1. 문화는 학습된다

우리는 어릴 때부터 의식적으로 혹은 무의식적으로 문화를 배워간다. 공통적으로 배우는 문화도 있고 지역 특유의 문화도 학습해 나간다. 예를 들어 일본어를 생각해 보면 이해하기 쉽다. 공통어로서의 일본어는 일본인으로서 배운 일본문화 중 하나이다. 이에 반해 지역방언은 지역에서 학습한 일본문화이다.

지역의 재미있는 관습을 그 지역 출신 연예인이 소개하는 TV프로그램은 언제 봐도 흥미롭다. 그 지역 사람들은 그러한 관습이 자신들의 상식이라고 생각하고 다른 지역 사람 역시 그러한 관습을 가지고 있을 거라고 생각하는 것이 이 프로그램의 웃음 포인트이다. 어느 특정 지역의 상식이 다른 지역에서는 상식이 아니라는 것을 바로 실감할 수 있다.

---

[15] 하라사와(原沢, 2013) 『異文化理解入門』研究社(pp.45-48)를 참고하였음.

시즈오카현 후지(富士)시에서는 식사 전과 식사 후의 인사를 'いた
だきます(잘 먹겠습니다)', 'いただきました(잘 먹었습니다)'라고 이야
기한다. 초등학교나 중학교의 급식 때는 모두 한 목소리로 식사인사
를 하고 있어 설마 자신들 지역에서만 사용하는 습관이라고는 생각
하지 않는다. 지바(千葉)현의 학교에서는 출석번호가 일본어의 50음
도 순서(あいうえお)가 아니라 생일 순이다. 이것도 지바현에서 자란
사람들에게는 상식이지만 다른 지역 사람들의 관점에서는 놀랄 만한
일이다.

'보이는 문화'와 '보이지 않는 문화' 중에서 야마나시의 '가츠동'을
예로 들었지만 이러한 예는 많다. 찰밥의 팥은 일반적으로는 달지 않
지만, 야마나시에서는 달달한 낫토(納豆)가 들어가 있다.

어릴 적 우리 집에서는 이 단 찰밥을 좋아해서 이웃에게 찰밥을
얻으면 일부로 단 낫토를 사와서 찰밥과 섞어 먹었다. 그렇게 하지
않으면 맛있다고 느끼지 못했다. 하지만 시즈오카 출신인 나의 아내
는 절대로 이 단맛의 찰밥을 먹으려고 하지 않는다.

2. 문화는 전달되고 전승된다

문화는 사람에게서 사람으로 그룹에서 그룹으로 때에 따라서는 국
가에서 국가로 전해진다. 이와 같은 문화에는 노래, 춤, 축제, 옛날이
야기, 관례, 관습, 예술 등이 있다. 대표적으로 일본의 전통예능을 예
로 들 수 있다.

다도(茶道)는 16세기 센노리큐(千利休)에 의해 확립되어 그 전통이
400년에 걸쳐 이어져 왔다. 다도 이외에도 꽃꽂이(華道), 일본무용,
노(能), 교겐(狂言), 가부키(歌舞伎), 라쿠고(落語, 만담), 고단(講談, 야

담) 등 다양하게 존재한다. 유도, 가라데, 나기나타(언월도), 검도, 스모 등 무도(武道)도 여기에 속한다.

또한 계절에 따라 치러지는 연중행사도 옛 풍습을 현재까지 전달하고 있다. 일본에는 정월 첫 참배(初詣)로 시작해서, 봄에는 세츠분(節分16), 히나마츠리(ひな祭り17), 하나미(花見, 벚꽃구경), 단오절(端午の節句), 여름에는 다나바타(七夕, 칠석), 주겐(中元, 백중날), 오봉(お盆18), 가을에는 츠키미(月見, 달구경), 단풍놀이(紅葉狩り), 겨울에는 세이보(歲暮19), 대청소(大掃除) 등의 전통행사가 많이 남아 있다. 일본 각지에서 펼쳐지고 있는 마츠리(祭り)는 그 지역과 연관된 것이 많다. 지역 사람들에 의해 옛 전통이 유지되고 있는 것이다.

부모에게서 자식으로 전해지는 문화도 있다. 아이들의 예의범절이나 식습관, 청소, 세탁방법, 욕조에 들어가는 방법과 순서, 옷을 개는 방법, 아버지와 어머니의 역할 등 생활 곳곳에 이르기까지 그 가정의 독자적인 문화가 있다.

결혼을 하게 되면 이러한 가정의 관습 차이를 깨닫게 된다. 남녀는 서로 다른 환경에서 자라왔기 때문에 신발을 벗어 놓는 방법에서부터 수건을 거는 방법, 옷을 정리하는 방법, 양치하는 방법 등 사소한 것까지 그 차이를 보이게 되는 것이다. 대다수의 부부싸움은 이런 사소한 차이에서 발전되는 경우가 많아서 대수롭지 않다고 간과할 수는 없다.

---

16 [역주] 입춘 전날(2월 3-4일경) 콩을 뿌려서 잡귀를 쫓는 행사를 한다.
17 [역주] 3월 3일에 여자 아이의 성장을 기원하는 연중행사.
18 [역주] 매년 8월 15일 무렵에 있는 일본의 전통 명절.
19 [역주] 세모, 세밑(연말). 한 해 동안 신세진 보답으로 연말에 선물을 보낸다.

3. 문화는 자주 변화한다

학습, 전달된 문화는 환경이 달라짐에 따라서 변화한다. 전통예능 같은 것처럼 예전 관습이 그대로 남아있는 경우도 있지만, 이것은 의도적으로 예전 문화를 계승시켰다고 할 수 있을 것이다. 이런 이유가 아니라면 문화는 변화해 간다. 우리의 일상생활을 살펴보더라도 쉽게 알 수 있다. 에도시대 풍경과 현재의 모습이 완전히 다른 것을 보더라도 명백하다.

변화를 실감할 수 있는 대표적인 예가 패션이다. 패션은 흔히 10~20년 간격으로 변화한다고 한다. 학창시절이었던 1970년대는 하마토라(ハマトラ) 패션(여대생 등이 애용한 요코하마 트레디셔널의 약자)이나 세이코짱 컷(마츠다 세이코(松田聖子)가 데뷔했던 때의 헤어스타일)이 여성 사이에서 유행했지만 지금은 그 모습을 찾아볼 수 없다.

그 당시 유행했던 bell-bottom(나팔바지)은 80년대에 슬림 팬츠로 유행이 옮겨가면서 눈 깜짝할 사이에 사라졌고, 현재는 다시 넓은 통바지가 인기를 얻고 있다. 남성 넥타이는 폭이 넓어지거나 좁아지거나를 반복하고 있다. 안경테 또한 커졌다가 작아지는 유행을 반복하고 있다.

예전 한 시대를 풍미했던 핑거파이브라는 그룹의 보컬인 아키라(晃)가 애용했던 특대 선글라스는 그의 트레이드 마크였다. 추억의 가요 프로그램에서 당시 노래하던 모습을 볼 때마다 아키라의 특대 선글라스가 그 시대를 돌아보게 하곤 한다. 지금 다시 큰 선글라스가 유행이다. 연예인이 아키라와 같은 모양의 특대 선글라스를 하고 있는 모습을 보면 정말 정겹게 느껴진다.

그 외에도 남성의 역할 분담, 말투, 교육내용, 아이의 놀이, 여가시간 활용방법, 취미, 스포츠, 일의 내용 등 어느 것 하나 변화하지 않는 것은 없다. 이처럼 문화는 시대와 함께 변화해 가는 것이다.

4. 문화는 규범이다

문화는 우리의 행동이나 가치관을 결정하는 규범이다. 우리는 매일 그 규범에 기초해서 행동한다. 어떤 문화에서는 인사를 할 때 머리를 숙이고, 어떤 문화에서는 악수를 하고, 어떤 문화에서는 키스를 하는 것이 그들의 문화 규범이다.

사회 규범으로서의 문화는 단적으로 관혼상제를 예로 들 수 있다. 결혼식에 초대받는다면 축의금으로 얼마를 내야 하는지, 어떤 옷을 입고 가는 것이 좋은지, 피로연에서는 어떤 행동을 취해야 하는지는 상식적인 규칙이 있다. 장례식에서도 부의나 조전(弔電) 방법, 출석 매너 등 최소한으로 지켜야 할 규칙이 있다.

아프리카 기니 출신의 연예인 산콘 씨는 처음 일본 장례식에 갔을 때 참례하러 온 사람들이 무언가를 입에 넣고 유가족에게 '잘 먹었습니다20'라고 인사한다고 생각해서 말향(가루향)을 입에 넣었다고 한다. 실제로 뒤에서 살펴보면 손에 무언가를 쥐고 입에 넣는 것처럼 보이기도 한다. 그때의 맛은 '썼다'고 한다.

에스컬레이터에 서는 위치 또한 사회적인 규칙이 있다. 행여나 그 규칙을 지키지 않는 사람이 있으면 흐름이 멈추거나 다른 사람에게 피해를 주는 경우가 있다. 일반적으로 간토(関東)에서는 왼쪽에 서고,

---

20 [역주] 식사 후의 인사는 'ごちそうさま(go chiso sama)'이고, 장례식에서의 인사는 'ごしゅうしょうさま(go shusho sama)'로 비슷한 발음으로 오해한 결과이다.

간사이(関西)에서는 오른쪽에 선다. 미국이나 유럽에서는 오른쪽에 서는 경우가 많다. 간사이에서도 일본만국박람회(1970년)의 오사카 개최 때부터 오른쪽에 서게 된 것이라고 한다.

일본에서는 전철이나 지하철 안에서 휴대전화 통화는 매너에 반하는 행위이지만 해외에서는 그렇지 않은 경우도 있다. 한국에서 전철이나 지하철 안에서 통화하는 사람을 몇 명이나 본 적도 있고, 반대로 왜 일본에서는 전화를 하면 안 되는지 질문을 받은 적이 있다.

애완동물을 산책시키는 매너에 관해서도 일본에서는 반드시 개를 리드해야 하지만 서양에서는 리드하지 않고 산책해도 괜찮은 경우가 있다. 그 나라에서는 애완동물이 잘 훈련되어 있어 리드하지 않아도 산책할 수 있기 때문이라고 한다.

다만 산책 매너가 없는 나라도 있다. 그런 나라에서는 애완동물이 배변을 하더라도 치우지 않고 그대로 놔두기 때문에 밟지 않도록 주의할 필요가 있다. 나도 동남아시아나 브라질에서 배변을 밟았던 좋지 않은 기억이 있다. 반대로 개발도상국에서 온 유학생들은 일본인들이 개의 배변을 치우고 가는 모습에 매우 감탄한다. 나라에 따라 규범이 되는 문화는 다양한 것이다.

5. 문화는 상호관계이다

모든 문화는 상호관계에 있으며 단독으로 존재하는 것은 아니다. 서로 영향을 받으면서 공존하고 있는 것이다. 국가라는 전체 문화에서 보아도 하나의 국가는 더 이상 혼자 존재할 수 없을 만큼 세계와의 공존관계가 강화되고 있다.

리먼 쇼크(미국 발 세계금융위기)가 좋은 예이다. 2008년 9월 15일 미국의 투자은행인 리먼 브라더스가 파산하게 되고 그 영향으로 세계적인 금융위기가 일어났다. 한 국가에서 일어난 일이 연쇄적으로 세계 여러 나라에 파급되어 간 사실은 이를 대변하고 있다. 일본의 경기 부양도 단순히 일본만의 일이 아니라 세계 경기의 동향에 크게 좌지우지 된다는 것은 이미 알고 있는 사실이다.

우리의 일상적인 문화를 살펴봐도 같은 상황을 적용해 볼 수 있다. 전후(戰後) 전자제품의 보급에 의해서 주부들의 문화는 크게 바뀌었다. 집안일이 줄어들어 여성의 사회 진출이 용이해졌으며 맞벌이 부부가 늘어나게 되었다. 또한 그러한 사회의 변화에 동반하여 남녀 간의 평등의식이 강해지고, '～かしら', '～だわ', '～わよ' 등의 여성어도 급속하게 감소하였다. 남성이 육아나 가사를 도와주는 것이 당연한 일이 되었고 '이쿠멘(イクメン)21'이라는 신조어도 생겨났다.

인류 역사상 우리의 생활에 가장 큰 변화를 가져다준 것은 영국을 중심으로 18세기부터 19세기에 일어난 산업혁명이라고 한다. 경제의 중심이 농업에서 공업으로 변화하면서 사람들의 일하는 방식이나 라이프 스타일도 크게 바뀌었다. 현재 우리가 누리는 번영은 산업혁명에 힘입은 바가 크다고 할 수 있다.

그러나 21세기에 들어서 산업혁명 이상의 큰 변화가 우리 삶에서 일어나고 있다. 그것은 바로 정보혁명이다. 컴퓨터와 휴대전화의 보급과 더불어 언제 어디서나 인터넷에 접속할 수 있는 환경이 만들어

---

21 [역주] '육아'의 '이쿠지(いくじ)'와 '남자'의 '맨(メン)'의 합성어로 '육아에 적극적으로 참여하는 남성'을 말한다.

졌고, i-Pod이나 i-Phone, i-Pad와 같은 혁신적인 제품의 등장이 우리의 생활을 근본부터 바꿔버리고 있다.

사무실, 교육, 유통, 매스컴, 통신 등의 다양한 분야에서 극적인 변화가 일어나고 있다. 간단하게 전 세계의 정보를 손에 넣거나 자신의 정보를 세상에 발신하는 것이 가능해졌다. SNS의 사용으로 전 세계 사람들과 실시간으로 얼굴을 보며 언제 어디에서든 교류할 수 있게 되었다. 불과 몇 년 전까지는 누구도 상상할 수 없었을 것이다. 정보혁명은 우리의 모든 문화와 연결되어 인류 역사상 전례 없는 변혁을 일으키고 있다.

6. 문화는 자민족 중심주의이다

우리는 스스로 문화 안에서 행동 규범을 학습하지만, 그 가치 기준을 타문화에도 그대로 적용하고자 한다면 **자민족 중심주의**에 빠질 우려가 있다. 자민족 중심주의(Ethnocentrism)는 문화인류학 용어로서 타민족의 행동양식이나 사고, 행동 등에 대해 자국의 가치관에 근거하여 부정적인 태도를 취하는 것을 일컫는다. **자문화 중심주의**라고도 한다. 우리가 자문화와 다른 습관이나 가치 기준을 접할 때 그것을 이상하다거나 틀렸다고 느끼는 것은 무의식적으로 자기 자신이 가지고 있는 상식으로 판단하고 있기 때문이다.

예를 들어 동남아시아나 라틴계 나라는 일본과 비교하면 시간 개념이 상당히 느슨하다고 볼 수 있다. 예정된 시간대로 일이 진행되지 않는 것이 보통이다. 이러한 상황에 직면하게 되면 일본인은 안절부절 못하는 경우가 많은데 이런 것도 일본인이 가지는 시간감각 때문인 것이다.

멕시코에서 파스타를 먹으려고 음식점에 갔을 때의 일이다. 스파게

티를 주문하고 20~30분이나 지나도 음식이 나오지 않는 것이었다. 점원 또한 주방에 들어간 채 나오지 않아 직접 주방까지 들어가서 재촉했더니 지금 스파게티 면을 사러갔으니 조금만 더 기다려 달라는 대답이었다. 우리는 어이가 없어서 쓴 웃음을 지을 수밖에 없었지만, 현지 사람들에게는 아무렇지도 않은 일인 듯했다.

세계 여러 나라를 방문하면서 느낀 점은 일본만큼 시간을 엄격하게 지키고 있는 나라는 없다는 것이었다. 전철 시간표는 분 단위라기보다는 초 단위로 운행될 정도이다. 나는 전철로 출근을 하고 있는데 근무하고 있는 대학에서 가장 가까운 역까지 도착하면 10초 정도 후에 꼭 반대편 열차가 도착한다. 열차는 늦는 법이 없고 항상 제시간에 도착한다. 전철을 내려서 계단에 들어서면 반대 차선에서 전철이 들어오기 때문에 자연스럽게 보게 된다. 물론 때에 따라서는 그렇지 않은 경우도 있지만 거의 매일 같은 경험을 하게 되다 보니 열차 운행시간의 정확성에 감탄하지 않을 수 없다.

일본에 오는 유학생들도 이런 일본인들의 정확한 시간 관리에 감탄한다. 특히 버스 시간표에 놀라워한다. 노선 위를 달리는 전철과 비교하면 버스는 도로를 달린다. 따라서 교통 혼잡이나 사고 등의 이유로 제시간에 맞춰 운행하기가 어렵다. 그럼에도 일본에서는 거의 정시간에 버스가 도착한다. 동남아시아에서는 버스 시간표가 있으면 나은 편이고 있다 하더라도 아무도 운행시간을 신뢰하지 않는다. 올 때까지 기다리고 오면 타는 것이 그들의 방식인 것이다.

일본인들은 이러한 정확한 시간 운용에 관해 큰 자부심을 가지고 있지만 그것이 오히려 재앙이 되는 경우가 있다. 2005년에 발생한 JR 후쿠치야마(福知山)선 열차탈선 사고이다. 이 사고로 승객과 기관사를 포함하여 107명이 사망했고 부상자 또한 562명이나 발생한 대참사였다. 사고의 원인은 여러 가지가 제기되었으나 그 이유 중 하나가 시간에 맞춰 운행해야 하다 보니 속도를 무리하게 올린 것이 아니냐는 추측이 있었다. 실제 이 회사는 경쟁사와 경쟁하고자 초 단위로 열차를 정시 운행한다는 목표를 세웠다고 한다. 확실히 시간을 맞춰서 일을 진행하는 것은 편리하다. 그러나 그것을 지나치게 엄격하게 지키고자 하면 오히려 큰 부담으로 작용할 수 있다.

개발도상국에서 온 유학생이 일본에는 뭐든지 있고, 사회도 질서를 잘 지켜가며 움직이는 것은 훌륭하다고 생각하지만 일본인들은 그다지 행복해 보이지 않는다고 한다. 일본인들이 입버릇처럼 이야기하는 것이 '바쁘다, 바빠'이고 항상 시간에 쫓겨 스트레스를 받으며 생활하는 것처럼 보인다고 한다.

최근에는 슬로라이프(slow life)라는 용어가 사용되고 있고 시간의 속박에서 해방되어 살아가는 것이 존중되는 시대가 되었다. 그러나 슬로라이프를 실천할 수 있는 사람은 자영업자이거나 전업주부 혹은 정년퇴직자로 한정되어 있고, 샐러리맨이 그렇게 살아간다면 분명히 구조조정의 후보로 오르게 될 것이다.

많은 외국인이 일본사회는 효율적으로 일하고 있다고 놀라지만 사실은 그렇게 생각하지 않는 나라가 있다. 바로 한국이다. 한국인들은 무슨 일이든 빨리 처리해 주는 것을 좋아한다. 한국인들이 일본에서 생활하면서 답답하게 느끼는 것 중 하나가 슈퍼에서 계산을 할 때이다. 일본인들은 계산을 할 때 음식과 잡화를 따로 구분하여 넣거나 생물(살아 있는 것)은 다시 비닐 봉투에 넣어 주지만 한국인은 그런 것보다는 좀 더 빨리 계산해 주기를 바란다고 한다.

일본에서는 은행통장을 개설할 때 현금카드가 만들어지기까지 1주일 정도가 걸린다. 그러나 한국에서는 신청한 당일 은행에서 받을 수 있다. 휴대전화의 기종 변경이나 계약회사를 변경할 때도 인터넷으로 빠르게 할 수 있다. 일본이라면 본인 인증 등으로 직접 대리점을 방문해야 한다. 이런 일본 생활에 한국인들이 답답함을 느끼는 것도 어쩌면 당연할지도 모른다.

이렇듯 우리가 무의식적으로 자문화 가치관을 형성하고 그것이 일반적인 상식이라고 생각하고 있지만 그것이 절대적인 것은 아니라는 점을 주지할 필요가 있다. 어떤 문화도 그 문화에 뿌리박힌 가치관을 이해하고 함부로 다른 문화를 부정하는 태도는 삼가해야 한다.

포마드(Pomade) 같은 향기

지금까지 문화의 개념을 6가지 특징으로 나누어 설명해 보았다. 이들과 같은 소위 **문화적 측면**과는 별개로 우리가 신경을 써야 하는 것들이 있다. 그것은 **보편적 측면**과 **개인적 측면**이다.[22] 보편적 측면이라는 것은 인간이 본래 가지고 있는 자질을 말하는 것이다. '인간은 세상 어디에 가더라도 똑같다'와 같이 이야기할 때 근본이 되는 것이 바로 보편적인 측면이다.

희로애락과 같은 감정이나 오감이라고 부르는 감각은 모든 인간이 공통적으로 느끼는 것이다. 부모님에게 불행한 일이 있으면 슬픈 느

---

[22] JAFSA夏期研究会分科会C(2001)「異文化体験から学ぶ～教育的アプローチ理論編資料」(p.6)를 참고하였음.

낌이 들고 이유 없이 누군가에게 맞게 된다면 분노의 감정에 휩싸이게 된다. 이성이나 동성에게 매력을 느끼고 함께 있고 싶다는 생각이 든다거나 친구를 만들고 그 친구와 친해지고 싶다는 감정을 느낀다. 또한 배가 고프면 밥을 먹고 싶고 목이 마르면 물을 마시고 싶어진다. 기쁜 일이 생기면 웃음이 나오고 슬픈 일이 생길 땐 눈물이 흐른다. 우리 인간에게는 공통점이 있기 때문에 같은 인간으로서 서로를 이해할 수 있는 것이다. 다만 이런 공통점의 표출방법은 문화마다 다르다. 이것이 중요하다.

일본인들은 '서로 사랑하고 있기 때문에'라고 하면서 '사랑한다'는 말을 입 밖으로 잘 꺼내지 않는다. 반면 서양 문화에서는 '사랑한다'라고 말하지 않으면 사랑하고 있지 않다고 생각한다. 키스를 하지 않으면 상대방에게 사랑이 전해지지 않는다는 문화도 있다. 그러나 표면적인 행동은 다르더라도 근본적인 본질은 인간으로서 서로 연결되어 있다는 것이다.

이와 같은 보편적인 측면이 있지만 개인적인 측면도 있다. 이것은 개개인에 따라 다른 문화이다. 좋아하고 싫어하는 음식이 다르고 음주나 흡연의 유무, 잘하고 못하는 것, 꿈이나 희망, 개인적인 주의·주장 등이 모두 다르다. 나는 아침, 저녁 두 번 개를 데리고 산책하는 것이 일과이다. 하지만 모든 일본인이 개를 데리고 산책을 하지는 않을 것이다.

아침 식사를 하지 않는다든가, 엘리베이터를 이용하지 않고 계단을 이용한다거나, 채식주의자라든가, 스포츠 관람을 좋아한다든가와 같은 행동은 개인적인 이유에 의해서 결정되는 것이다. 결코 문화에 의한 특수한 태도라고 할 수는 없다.

우리가 주의해야 하는 것은 이러한 개인적인 행동을 마치 그 사람이 소속되어 있는 문화의 특징인냥 착각하고 보편화해 버리는 것이다. 내가 처음 외국인을 만난 것은 초등학교 6학년 때 수학여행으로 도쿄에 갔을 때였다. 당시(1965년) 외국인은 드물었고 정차해 있는 버스 안에서 흑인 그룹을 보았을 때 모두 손을 흔들었다. 그러자 싹싹한 흑인들이 버스로 다가와서 창 너머로 우리와 악수를 해 주었다. 그때 악수한 손에서 포마드와 같은 뭐라 말할 수 없는 향이 났었다. 그 이후 '흑인＝포마드 같은 향'이라고 무의식적으로 판단하게 되었다. 그 후 브라질이나 미국에 갔을 때 많은 흑인과 교류하는 기회가 있었지만 포마드 같은 향을 가진 사람은 거의 만날 수 없었다. 아마도 나와 악수한 흑인만이 그런 향이 나는 크림을 손에 발랐을 것이다.

이와 비슷한 경험을 한 사람들은 많이 있을 것이다. 주변 외국인의 행동을 보고 그것이 그 나라의 문화라고 믿어버리게 된다. 그렇게 되지 않으려면 그것이 개인적인 행동인지 문화적인 행동인지 알아챌 수 있는 힘이 필요한 것이다.

'오모테나시(お·も·て·な·し)' 문화

2013년 9월 7일, 빅뉴스가 전 세계에 전해졌다. 2020년 하계올림픽이 도쿄에서 열리게 되었다는 소식이었다. 그때 나는 스페인에서 열린 국제 심포지엄에 참가하고자 도쿄의 최대 라이벌로 손꼽히던 마드리드에 체류하고 있었다. 스페인에서는 국제 올림픽위원회 총회가 열리고 있던 부에노스아이레스에서의 상황을 연일 톱뉴스로 보도하고 있었고, 스페인 유치위원회의 자신만만한 코멘트는 많은 스페인 사람에게 마드리드의 승리를 예감하게 하였다.

스페인에 보도된 일본에 관한 뉴스는 수개월 전부터 표면화된 도쿄 전력 후쿠시마 제1원자력 발전소의 방사능 오염수 누출에 관한 뉴스 뿐이었다. 스페인에 가기 전까지 도쿄 개최에 어느 정도 희망을 걸고 있던 나의 기대를 꺾기에 충분한 뉴스였다.

그런데 생각지도 못한 결과가 세계를 놀라게 했다. 인터넷 상에 보도된 개최지 결정 뉴스를 보았을 때는 내 눈을 의심했다. 스페인이라는 라이벌 후보지에서의 보도라는 것은 둘째 치더라도 후쿠시마 방사능 오염수 누출 사고는 올림픽 개최지를 결정하는데 있어서 치명적이라 생각했기 때문이다. 아마도 일본을 제외한 세계인들은 그와 같이 생각했을 것이다. 그렇다면 왜 도쿄가 2020년 올림픽 개최지로 선정되었을까?

그 이유를 여기에서 장황히 설명할 필요는 없을 것이다. 일본의 매스컴에 의하면 56년 만에 하계올림픽 개최를 기대하는 일본 국민의 열의와 함께 총리를 시작으로 정치인, 도쿄도지사, 스포츠 관계자, 예술가, 민간기업으로 구성된 유치위원회가 일치단결해서 All-Japan을 결성하고 도쿄의 우월성을 강력하게 어필했기 때문이라고 한다. 일본인의 약점이라 할 수 있는 스피치를 철저히 연습하고 일본이 자랑하는 문화를 세계에 알린 것이 올림픽 선거위원의 마음을 움직였다는 것이다.

최종 프레젠테이션에서의 발표는 매우 감동적이었다. 그 중에서도 가장 주목을 끈 것은 다키가와 크리스텔(滝川クリステル) 씨가 이야기한 일본인 '오모테나시(おもてなし, 대접·환대)의 마음'이었다. 다키가

와 씨가 '오모테나시'를 표현하는 제스처를 TV에서 반복해서 방영하였고, 이 말은 2013년도 유행어 대상을 수상하였을 만큼 '오모테나시'라는 말이 주목을 받은 적은 지금까지 없었다.

일본인의 친절 정신, 이것은 매일 외국인과 접하는 사람의 입장에 바라보면 당연한 것처럼 들리는 일본의 매력이다. 처음 일본에 온 유학생들은 일본에 도착하는 순간부터 일본인의 '오모테나시' 문화를 접하고 감동한다. 그들이 입을 모아 이야기하는 것이 일본에서 받은 투철한 서비스 정신이다. 어느 가게를 가더라도 점원이 상냥하게 대해주고 아무것도 사지 않고 가게를 나오더라도 웃음으로 배웅해 준다.

어느 정보지에서 일본의 '이자카야(居酒屋, 술집)'에 대한 특집을 모아 게재한 적이 있었다. 거기에서는 일본에 거주하는 100명의 외국인을 대상으로 한 설문조사를 소개하고 있다. 외국인이 '이자카야'가 좋다고 느끼는 이유에 대해 다양한 메뉴, 세심한 서비스, 점원의 밝은 접객 태도 등을 꼽고 있다. 일본인의 '오모테나시' 문화가 많은 외국인의 마음을 끌고 있는 모양이다. '오모테나시' 문화는 다키가와 크리스텔 씨에 의해 전 세계로 발신되며 갑자기 유명해졌다. 그러나 '오모테나시'의 마음은 일본문화의 한 부분에 지나지 않는다. 미처 깨닫지 못한 문화가 주변에 많이 있다.

우리 주변에 있는 이문화를 깊이 이해할 수 있는 것은 동시에 우리가 가진 문화의 중요성을 되돌아보는 것과 연관이 있다. 그리고 자문화뿐만 아니라 이문화에 대한 바른 지식을 가짐으로써 이문화의 존재를 인정하고 이문화와의 공존, 협조를 도모해 가는 것이 가능하다. 2020년에 개최되는 도쿄 올림픽은 전 세계에서 모이는 사람들이 문화라는 울타리를 넘어 교류하는 세계 평화 축제의 장이 되길 기대한다.

제2장

남자와 여자의 러브게임

(이문화 적응을 생각해 보는 상)

제2장
남자와 여자의 러브게임
(이문화 적응을 생각해 보는 장)

【키워드】

- □ 이문화 적응
- □ 문화충격(Culture shock)
- □ U자 곡선
- □ 역문화충격(Reentry shock)

- □ 신혼 단계(Honeymoon stage)
- □ 적응개시기　　□ 적응기
- □ W자 곡선
- □ 나선형 적응

　우리 주변에 산재해 있는 이문화 적응의 이해를 심화해 간다. 우리의 인생은 이문화 적응의 연속이다. 그렇다면 어떻게 이문화에 뛰어들고 이문화를 수용해야 할 것인가? 이문화 적응과정은 U자형, W자형, 나선형의 3종류로 설명할 수 있다. 이문화 적응 중에서도 특히 중요한 결혼 생활을 중심으로 어떻게 하면 보다 좋은 인간관계를 구축할 수 있는가에 대해 이문화 커뮤니케이션의 관점에서 생각해 보자.

이문화에 살아가다

　'너무 많이 마신 것은 당신 탓이야(飲みすぎたのはあなたのせいよ)'로 시작하는 '남자와 여자의 러브게임(男と女のラブゲーム)'은 가라오케에서 듀엣 곡으로 불리는 단골 노래이다. 오래된 노래이긴 하지만 젊은 사람들 중에서도 이 노래를 부르는 사람이 많을 것이다. 이 노래의 주인공인 '남자와 여자'는 이문화를 대표하는 주제라고 해도 과언이 아니다.

　이미 제1장에서 우리 주변에 많은 이문화가 산재해 있다는 것을 살펴보았다. 그 중에서도 남자와 여자의 문화는 서로 극복해야 하는 가장 중요한 문화 중 하나라고 할 수 있다. 남녀 간의 문화에 대해서는 다음 절에서 자세히 언급하겠지만 우리는 일상생활 속에서 다양한 문화를 접하고 그 문화에 적응하는 과정을 경험한다.

　그렇다면 우리가 새로운 문화에 적응한다는 것은 어떤 의미일까? 이와 같은 적응과정은 외국에서만 한정되는 것이 아니다. 대학에 입학하거나 취직이나 이직, 결혼, 이사 등 인생에서 이문화 적응을 경험해 보지 않은 사람은 없을 것이다. 인생은 이문화 적응의 반복이라고 할 수 있다. 우리가 이문화 속에 뛰어들고 어떻게 이문화를 수용해 가는지 그 과정을 이해하는 것은 인생의 처세술로서도 매우 중요하다.

　우리가 외국에 가는 경우 현지 정보가 있다면 적응이 쉬워진다. 그것은 사전에 새로운 문화의 지식을 얻음으로써 그 문화에 순응할 마음의 준비를 하기 때문이다. 그러나 아무리 머리로 문화의 차이를 이해하고 있다고 하더라도 어릴 때부터 익숙해진 습관이나 사고를 간단히 바꾸기란 쉽지 않다. 그 나라의 도덕관념이나 생활신조 등 '보이지 않는 문화'는 실제로 현지에서 생활하지 않으면 알 수 없는 부분도 많다.

우리는 지금까지와는 다른 것, 처음 보는 것에 직면하게 되면 내면에 여러 변화가 일어난다. 흥분한다거나 때로는 스트레스를 받고 초조해진다. 이와 같은 마음의 변화에는 일정한 패턴이 있다. 일반적으로 이문화 적응과정에 보이는 내면의 변화는 다음과 같은 U자형 곡선을 그리고 있어 **U자 곡선**으로 불린다.[23]

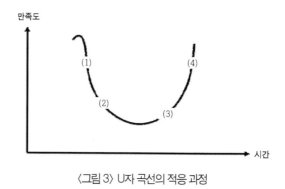

〈그림 3〉 U자 곡선의 적응 과정

새로운 문화에서의 생활은 처음에는 즐겁고 들뜬 느낌으로 시작하는 경우가 많다. 그러나 곧 생활에 스트레스를 받게 되고 잠시 만족도가 떨어지는 시기를 거쳐 다시 상승하는 안정적인 패턴을 찾게 된다.

이 패턴은 (1)신혼 단계(Honeymoon stage), (2)문화충격(Culture shock), (3)적응개시기, (4)적응기의 네 단계로 나눌 수 있다. 이하 일

---

[23] 이문화적응 U자 곡선에 대해서는 많은 문헌이 있다. 여기에서는 JAFSA夏期研究会分科会C(2001) 「異文化体験から学ぶ～教育的アプローチ理論編資料」(pp.9-11)를 참고하였음.

본에서 살아가는 외국인의 모습을 통해서 이문화 적응 U자 곡선 과정을 살펴보자.

일본에서의 적응

(1) 신혼 단계(Honeymoon stage)

새로운 문화의 시작은 희망과 기대감으로 넘쳐 있다. 자신의 눈에 비친 문화는 풍경이나 음식, 복장 등 '보이는 문화'뿐이고 그 나라의 가치관이나 생활신조 등의 '보이지 않는 문화'는 아직 깨닫지 못한다. 보이는 것, 들리는 것이 모두 새롭고 신선한 긴장감과 들뜬 기분으로 새로운 생활을 맞이하게 된다.

일본을 찾는 많은 외국인은 일본의 '오모테나시의 마음(hospitality)'에 감동한다. 어느 가게에 들어가도 상냥하게 대해주는 일본인의 모습에 감동받는다. 아무것도 사지 않고 가게를 돌아다니기만 하는 손님에게도 감사인사를 하는 접객 태도에 놀란다. 칠레에서 온 연구자에 의하면 칠레에서는 아무것도 사지 않고 가게를 나가면 점원은 돌연 불쾌한 태도를 취한다고 한다.

또한 거리의 아름다움, 청결함에 감탄하는 외국인도 많다. 독일에서 온 한 유학생은 JR시즈오카역 구내가 너무 깨끗해서 음식을 떨어뜨려도 주워 먹을 수 있을 정도라며 놀라워했다. 이밖에도 어디에 가더라도 자판기가 있어 편리하고, 어느 가게에도 다양한 물건들이 있으며, 24시간 운영하는 편의점이 곳곳에 있다. 늦은 밤에 혼자 돌아다녀도 위험하지 않는 등 일본에 대한 인상은 좋은 것뿐이다.

(2) 문화충격(Culture shock)

기대와 흥분이 넘치는 새로운 생활에서 현실적인 생활로 바뀜에 따라 지금까지 느끼지 못했던 '보이지 않는 문화'에 직면하게 된다. 그렇게 되면 지금까지 안고 있던 기대가 실망으로, 흥분이 낙담으로 바뀌어 간다. 이와 같은 상황을 문화충격이라고 한다.

일반적으로 충격(shock)이라는 말은 어느 특정 사건에 놀라서 충격을 받는다고 생각하기 쉽지만 이문화 커뮤니케이션에서의 문화충격이라는 것은 익숙하지 않은 이문화에서 느끼는 작은 위화감이나 정신적인 불안, 신체적인 부조화 등을 총칭하는 의미로 사용된다. 문화충격의 증상으로는 피곤함, 불면증, 두통, 과식, 거식 증세가 있고, 살이 찐다거나 빠지는 등의 신체 변화나 초조함, 불안감, 향수병, 학습 저조, 무기력 등의 심적 변화가 있다.

스스로 인식하지 못하는 사이에 문화충격에 빠지는 사람이 많다. 이 상태가 악화되면 더 이상 그 나라에 있을 수 없게 되어 꿈을 접고 귀국하게 된다. 나는 몇 번이나 도중에 좌절하고 귀국하는 유학생을 보아 왔다.

일본의 아름다운 풍경이나 오모테나시의 마음에 감동한 외국인도 시간이 지남에 따라 그들의 문화와는 다른 습관이나 사고에 초조함을 느끼게 되는 경우가 많다. 자주 듣는 이야기는 "일본인은 무슨 말을 하고 싶은지 잘 모르겠어. 보다 확실히 자신의 의사를 전달해 줬으면 좋겠어."라는 의견이다. 예를 들어 "내일 노래방 안 갈래?"라고 물어보면 "내일은 좀…."이라고 대답한다. 외국인들에게는 가는 것인지 가지 않는 것인지 알 수 없다. "아무 때나 놀러와."라는 친구의 이야기에 친구 집을 방문하면 무척이나 당황해 한다. 서로 논의를 하더라도 결정적인 부분이 되면 일본인은 명확한 태도를 취하려고 하지 않는다. 이러한 일본인의 모호한 태도에 불신감이 생기는 것이다.

또한 대인관계에서도 일본인은 친구가 되기 어렵다고들 한다. 친해지더라도 고맙다는 말을 몇 번이나 이야기한다. 일본인 친구를 집에 초대해서 편하게 냉장고를 열고 먹고 싶은 것을 먹으라고 하지만 일본인 친구는 사양하기만 하고 냉장고를 열려고 하지 않는다. 그런 일본인의 마음씀씀이가 오히려 피곤하다고 유학생들은 말한다. 친구가 되면 '자신의 것은 친구의 것, 친구의 것은 자신의 것'이라는 관계가 일본에서는 좀처럼 허용되지 않기 때문이다.

이처럼 실제로 일본에서 생활하면서 접하는 문화의 차이에 당황하고 점차 스트레스가 쌓이며 몸과 마음에 변화가 일어난다. 신혼 단계(Honeymoon stage)에서는 '보이는 문화'만으로도 만족도가 높아지지만 '보이지 않는 문화'와 마주하게 되면 많은 사람이 문화충격의 단계에 들어서게 된다.

우리가 해외여행에서 세계유산 등 관광지를 돌아다니며 맛있는 음식에 입맛을 다시거나 그 나라에 만족하는 것은 '보이는 문화'만을 즐기는 허니문 여행이기 때문이다. 진정으로 그 나라의 문화를 알고 싶다면 그 나라에 살아봐야 한다는 말은 '보이지 않는 문화'를 경험할 수 있기 때문이다.

문화충격은 그 사람의 성격이나 사고, 자라온 환경 등에 따라서 다양하게 찾아온다. 작은 위화감으로 끝나는 사람이 있기도 하고 그 문화에 대해 강렬한 적대감을 가지는 사람도 있다. 최악의 경우에는 더 이상 그 나라에 있고 싶지 않아서 귀국해 버리기도 한다.

(3) 적응개시기

적응개시기는 괴로웠던 문화충격의 단계에서 벗어나 이문화 적응을 시작하는 단계이다. 지금까지 난처했던 '보이지 않는 문화'에도 익숙해지고 그 문화 속에 살아가는 방법이나 행동 등을 이해하기 시작한다. 문화의 다름에서 오는 초조함이나 고독감 등의 감정도 점차 줄어들게 된다. 현지 사람들과의 교류도 원만해지고 그 때문에 그 문화에 자신감을 가지게 된다.

일본인의 모호한 태도에 당황하고 불안해하던 외국인도 점점 일본인의 대답에 익숙해지고 일본인의 마음을 이해할 수 있게 된다. 일본인은 무엇인가를 거절할 때 '아니요'라고 하지 않고 완곡하게 표현한다는 것, 직접적인 논쟁은 가급적 피하고 편하게 이야기하여 서로의 기분을 확인한다는 것도 알아가게 된다. 그룹 내에서 협조를 중시하고 자기주장을 피하며 주변 사람을 배려하는 분위기에도 위화감을 느끼지 않게 된다.

직업상 나는 일본을 처음 방문하는 유학생을 해마다 보면서 그들이 일본문화에 적응해 가는 모습을 가까이서 보아 왔다. 서양에서 온 유학생의 경우 어디를 가더라도 사람들이 빤히 쳐다보는 것을 불만스럽게 생각한다. 서양에서 온 외국인을 많이 만날 수 있는 도쿄나 오사카와 같은 대도시와 달리 지방 도시에서 서양의 외국인을 보기는 어렵기 때문에 사람들의 흥미 대상이 된다. 그러나 6개월 정도 시간이 지나면 그런 것에 익숙해져서 별로 신경 쓰이지 않는다고 한다. 그러한 단계가 이 적응개시기에 해당한다.

독일에서 온 한 여학생은 어린아이를 데리고 있는 엄마의 경우 항상 아이에게 자신을 보고 'Hello'라고 말을 걸라고 하는 행동에 당황했다고 한다. 그 여학생의 입장에서는 영어로 말을 거는 것이 좋기도 하지만 엄마도 아이도 영어를 못하는 것 같은데 왜 아이에게 영어로 말을 걸게 하는지 이해할 수 없었다고 했다. 독일에서는 그러한 태도는 큰 실례가 되는 행동이라고 한다.

이 여학생은 피부가 하얗고 머리카락도 갈색이어서 일본인 엄마는 마치 연예인을 보는 것처럼 아이에게 말을 걸라고 시켰을 것이다. 이야기를 하고 싶어서 인사를 건넨 것은 분명 아닐 것이다. 그래서 '상대방이 말을 건다면 "Hello"라고 인사하고 생긋 웃어주면 좋아할 것'이라고 조언을 해 준 적이 있다.

일본인이 가진 나쁜 습관 중에 외국인은 모두 영어로 말한다고 생각한다는 것이 있다. 그래서 'Hello'라고 말을 걸지만 모든 외국인이 영어를 할 수 있는 것은 아니다. 특히 영어를 못하는 외국인은 그런 일본인의 태도에 불안감을 느낀다. 그러나 생각을 바꾸어 그만큼 눈에 띄는 사람이라 여기고 밝은 태도를 보이게 되면 적응하기 쉬워진다.

음식도 마찬가지이다. 생선회, 스시, 낫토, 츠케모노(절임), 우메보시(매실 장아찌), 미소시루(된장국) 등은 외국인들에게는 낯선 일본 음식이다. 하지만 처음에는 낯설게 느껴져도 일본에 오래 살다 보면 먹을 수 있게 된다.

나는 브라질에서 생활할 때 날마다 '페이장(feijão, 검은 콩을 익힌 것)'이라는 브라질 요리를 밥과 같이 먹는 것이 매우 힘들었다. 밤에 침대에 누우면 머릿속에 일본음식이 계속해서 맴돌았고 입안에는 침만 고였다. 하지만 잠시 페이장을 먹지 않았을 때 문득 먹고 싶다는 생각이 들었다. 나도 모르는 사이에 페이장이 좋아진 것이다. 지금도 가끔 브라질 음식점에 가서 페이장 등 브라질 음식을 즐기고 있다.

이처럼 이문화에 대한 적응은 시간과 함께 천천히 진행되지만 사람에 따라 그 모습은 다양하다. 일본에 와서 적응개시가 시작되기까지 몇 년이 걸리는 사람도 있지만 몇 개월 만에 적응하는 사람도 있다. 일반적으로는 적극적이고 밝은 성격을 가진 사람이 적응이 빠르다.

(4) 적응기

이 단계에 들어서면 이문화 생활에서 위화감이 없어지고 현지 사람들과도 적절한 커뮤니케이션을 할 수 있게 된다. 이제는 이문화에서 오는 불편함을 거의 느끼지 못하게 된다. 문화의 차이를 이해하고 그 차이를 받아들일 수 있게 된다. 새로운 문화에서의 다양한 경험을 통해 시야가 넓어지고 상황을 바라보는 힘이 생기게 된다.

이문화 적응과정에서 '적응기'는 이문화에 익숙해지고 불편함 없이 그 나라에서 살아갈 수 있게 되는 것을 의미한다. 이문화를 정확하게 이해할 수는 없더라도 그 문화의 방식을 받아들일 수 있게 되면 안정감 있는 생활을 하게 된다. 설령 그 나라의 언어를 말하지 못한다 하더라도 불편함 없이 살아갈 수 있을 것이다.

적응기에 접어들면 그 나라에서의 생활이 즐거워진다. 대중교통을 이용하는 방법부터 쇼핑하는 방법, 어떤 물건을 어디에서 사는지 혹은 곤란한 일이 생기면 어디에 가야 하는지 등 일본에서 생활하는데 필요한 지식이 쌓이게 된다.

친구 집에 초대를 받게 되면 작은 선물을 가지고 간다든지, 회의 때 자기주장을 강하게 하지 않는다든지, TPO(때와 장소와 상황)에 맞는 행동을 한다든지, 변명을 하기 전에 사과를 먼저 하는 등 일본인스러운 행동을 할 수 있게 되는 것이다.

적응기에 들어선 외국인을 만나면 어딘가 모르게 일본인 같은 느낌을 받게 되고 외국인이라는 분위기가 그다지 느껴지지 않는다. 반대로 막 일본에 온 외국인은 무척이나 '나는 외국인이다'라는 분위기를 풍기고 있는 것이 흥미롭다.

대학에서 학생들을 가르치는 외국인 교사를 보더라도 일본인과 결혼해서 일본에 가족이 있는 사람과 독신으로 사는 외국인은 분위기가 확연히 다르다. 가족이 있는 외국인 교사는 질문에 대답할 때도 부드럽고 일본인처럼 고개를 끄덕이면서 이야기를 듣는 반면 독신 교사는 표현도 직설적이고 입을 다문 채 가만히 듣기만 하는 스타일이 많은 것 같다. 일본인과 결혼해서 가정을 이루고 생활하는 것은 분명히 이문화 적응을 촉진시킨다고 할 수 있다.

인생의 이문화 적응

여기까지는 외국인이 일본문화에 적응하는 모습에 대해 살펴보았다. 그러나 이문화 적응은 외국 생활에만 한정되는 것은 아니다. 자신의 나라에서도 다양한 이문화 적응을 경험한다. 여러분은 어떠한 이문화 적응을 경험해 왔는지 과거를 떠올려보자.

아래의 항목은 우리가 자국 내에서 경험하는 이문화 적응의 한 예이다. 1부터 4까지 어느 단계에 속하는지 숫자를 적어보자.

(학교편)

( ) 친구가 생겨서 학교에 가는 것이 재미있어졌다.

( ) 학교가 재미없어지고 가고 싶지 않아졌다.

( ) 초등학교를 졸업하고 중학교에 입학해서 가슴이 두근거린다.

( ) 공부는 물론 동아리활동을 열심히 하고 학교생활 역시 충실히 한다.

(직장편)

( ) 학생 때와 비교해 보면 시간에 속박되어 매일매일이 괴롭다.

( ) 상사에게 칭찬받아 일할 맛이 나기 시작했다.

( ) 처음으로 사회인이 된 성취감을 느낀다.

( ) 자기 일에 자신감을 갖게 되었고 책임감을 가지고 일을 하고 있다.

(결혼편)

( ) 상대방을 존중하며 재미있게 살아간다.

( ) 사소한 다툼이 끊임없이 발생한다.

( ) 상대방이 자라온 환경은 나와 다르다는 것을 인지하게 된다.

( ) 모두에게 축복받고 좋아하는 사람과 함께 하는 것에 행복감을 느낀다.

(이사편)

( ) 도시에서 시골로 전근가게 되어 자연과 어우러지는 생활을 기대하고
      있다.

( ) 주위 인간관계가 귀찮아지고 습관의 차이에도 당황스럽다.

( ) 시골 사람들의 친절함을 기쁘게 느끼게 되었다.

( ) 지역 활동에 적극적으로 참여하고 이곳의 삶에 만족한다.

당신의 대답은 어떠했는가? 우리의 인생은 이문화 적응 그 자체라는 점을 인식하게 되었을 것이다. 아이 때에는 유치원이나 초등학교에 입학하는 것이 이문화로 가는 첫 걸음이다. 고등학교나 대학을 졸업하게 되면 사회인으로서의 일이 기다리고 있다. 학생 때와는 완전히 다르고 어리광은 더 이상 용납되지 않는 세상에 살게 된다. 사회인으로서 일원이 되면 다음은 결혼이라는 새로운 생활이 시작된다. 자신이 자라온 집에서 독립하여 새로운 가정을 꾸리는 것은 인생에 있어서 일대 사건이라고 할 수 있다. 이성이라는 이문화와의 공동 작업이 시작되는 것이다. 결혼을 하면 가족이 늘어나게 되고 이사도 몇 번이나 경험하게 된다. 또한 전근으로 다른 지역으로 이사를 가게 될지도 모른다. 자신이 살던 익숙한 곳을 떠나 다른 곳에서 생활하는 것은 무척 힘든 일이다. 부모 뿐 아니라 아이 역시 새로운 곳에 적응해야 하기 때문이다. (문제의 해답은 학교편 3214, 직장편 2314, 결혼편 4231, 이사편 1234이다)

이처럼 우리는 인생에서 많은 이문화 적응 과정을 거치지만 적응을 잘하지 못하고 좌절하는 경우도 흔히 있다. 새로운 학급에 적응하지 못하고 학교생활이 지겨워지거나 학교생활에 의욕이 없어지는 경우도 새로운 문화에 적응하지 못하는 증상 중 하나이다. 이 상태가 악화되면 등교 거부나 히키코모리(은둔형 외톨이)가 될 수도 있다.

고등학교를 졸업하고 대학에 진학하는 경우 많은 사람이 혼자 살기 시작하기 때문에 큰 변화를 경험한다. 신입생이나 신입사원이 새로운 생활에 익숙해지지 않는 것을 '5월병[24]'이라고 부른다. 이것도 전형적인 문화충격의 증상이라고 할 수 있다.

---

[24] [역주] 일본의 경우 학교나 직장생활이 4월에 시작하는데 새로운 환경에 적응하지 못해 일어나는 정신적인 증상을 말한다.

새로운 지역으로 이사한다거나 새로운 직장으로 옮기게 되면 당분간은 그곳 사람들이 어떻게 생활하고 일을 하는지 유심히 관찰하는 것이 좋다. 거기에는 지금까지와는 다른 습관이나 사고방식이 존재하며 그것을 존중하지 않으면 갈등이 생기게 된다. 새로운 곳으로 가게 되면 당분간은 그곳의 모습을 지켜보면서 조용히 있는 것이 좋다고들 하는데 그것은 선인들의 경험에 따른 처세술 중 하나라고 할 수 있다.

내가 근무하는 대학의 교원들은 다른 곳으로 전근을 가지 않는다는 점에서 경직된 근무환경이라고 할 수 있다. 특히 국립대학에서는 사무직 직원들은 빈번히 이동하고, 3년 정도면 대부분의 사람들이 바뀌는데 반해 교수들은 퇴직하지 않는 한 같은 곳에서 근무한다. 이런 곳에 새로운 교원이 들어오면 거기서부터 그 사람의 이문화 적응이 시작되는 것이다.

알고 지내는 대학 교원A에게서 들은 이야기이다. C라는 사람이 교원으로 채용되어 A의 학과(7명 정도 소속)에 들어오게 되었다. 이 사람은 일반 기업에서 근무했던 사람으로 교원으로서 대학에 근무하는 것은 처음이었다. 기업에서 근무를 한 경험이 있는 만큼 일을 척척 잘해내는 사람이었다. 새로운 기획이나 제안을 잇달아 가져오는 등 열정을 가지고 일하기 시작했다. 그러나 열정적으로 일하는 것은 좋지만 지금까지 해 온 다른 교원의 일을 부정하는 듯한 태도를 보이고 자기 혼자서 뭐든지 하려고 하였다. 대학 교원은 자신의 주된 업무가 연구와 교육이고 이 외의 일(예를 들어 홈페이지 관리나 홍보물 작성)은 잡무로 생각해서 가급적 시간과 에너지를 쏟지 않으면서 효율적으로 일을 하려고 생각한다. 따라서 이러한 것들은 기업의 시점에서 보면 불만족스러울 수 있는 것도 사실이다.

다만 이런 것들을 갑작스럽게 바꾸려고 하면 다른 교원들과의 사이에 큰 알력이 생긴다. C씨 또한 그 점을 보다 배려해야만 했다. 어느 정도 상황을 보면서 이 직장에서 일이 진행되는 방식을 이해하고 그것을 존중하며 새로운 방법을 제안하는 것이 좋았을 것이다. 어쨌든 자신의 역할은 민간에서와 같은 효율적인 방식을 도입하는 것이라고 믿고 있었기 때문에 지금까지 해왔던 방식을 무시하고 자신의 방식으로 무리하게 일을 진행하려고 했던 것이다. 그 결과 다른 교원들과의 사이에 감정적인 골이 생겨 버렸다. 결국 1년 반 만에 주위로부터 고립되어 스스로 퇴직해서 다른 대학으로 떠났다고 한다.

이 이야기는 능력이 있음에도 새로운 직장에 적응하지 못하고 문화 충격의 단계에서 새로운 문화 적응에 실패한 사례이다. 이와 비슷한 예는 우리 주변에도 많이 있다. 우리의 인생을 돌이켜보면 얼마나 많은 이문화 적응을 반복해 왔는지 알 수 있다. 나의 과거를 돌이켜 보아도 유치원 입학, 초·중·고등학교 입학(+동아리활동), 도쿄로 이사, 대학 입학(+동아리활동), 브라질 생활, 미국 생활, 호주 생활, 취직, 결혼, 이직, 재혼, 이직 등 이문화 적응의 반복이었다.

인생에서 좌절하지 않고 성공하는가는 어떻게 이문화에 잘 적응해 가는가에 달려 있다. 문화충격을 극복하고 이문화 적응이 자연스러워지면 자신의 일도 순조롭게 진행되고 즐거운 생활로 이어질 수 있게 될 것이다.

화성인과 금성인

우리의 인생에 있어서 가장 중요한 문화의 차이는 바로 남자와 여자이다. 서로 사랑하는 남녀는 결혼이라는 강한 인연으로 연결된다. 한 번 결혼하면 끝까지 함께 하기를 희망하는 것은 누구나가 바라는 바일 것이다. 취직도 인생에서는 중대한 일이며 이직을 하기도 하지만 설사 이직하지 않더라도 퇴직할 때까지 약 40년 정도 일을 하게 된다. 그런 의미에서 한평생 이어갈 가능성이 있는 결혼은 인생에 있어서 가장 길고 가장 중요한 이문화 적응이라고 할 수 있다.

지금 나는 '결혼은 인생에 있어서 가장 중요한 이문화 적응이다'라고 했으나 이것을 과연 몇 명이나 자각하고 있을까? 일전에 모 방송국에서 부부싸움을 주제로 아침 방송을 한 적이 있었다. 그 방송에서 실시한 설문조사에서 약 70%가 '부부싸움을 한다'라고 답했다고 한다. 특히 이 방송에서는 사소한 것에서 시작하는 일상적인 다툼에 초점을 두고 그 대처법을 전문가와 함께 서로 이야기하는 방식으로 진행되었다.

게스트로 나온 전문가는 '감사의 말을 전하거나 칭찬을 하라', '배우자 가족의 흉을 보지 말라', '상대방 기분을 살펴가며 불만을 이야기하라' 등의 방법을 조언하였다. 하지만 이런 것들이 가능하다면 다툼은 일어나지 않을 것이라고 생각한다. 이런 것들이 불가능하기 때문에 다툼이 생기는 것이다.

1970년대 맹인 가수인 하세가와 키요시(長谷川きよし)와 가토 토키코(加藤登紀子), 노사카 아키유키(野坂昭如)가 불러 인기를 얻었던 '검은 뱃노래(黒の舟歌)'라는 노래가 있다. 2001년 구와타 케이스케(桑田佳祐)가 이 노래를 리메이크해서 젊은 사람들 중에도 알고 있는 사람이 있을 것이다.

이 노래의 첫 소절은 '남자와 여자 사이에는 깊고 어두운 강이 있다'라는 슬픈 멜로디와 함께 남녀 간에는 메울 수 없을 정도의 큰 틈이 있다는 것을 우리에게 조용히 이야기해 주고 있다. 이 노래가 인기를 얻은 것은 그 가사가 많은 사람의 공감을 불러 일으켰기 때문이다.

남녀 사이의 커뮤니케이션에 관한 서적도 많이 출판되어 있지만 그 중에서도 세계적으로 밀리언셀러가 된 작품으로 피즈 부부의 『말을 듣지 않는 남자 지도를 읽지 못하는 여자』와 존 그레이 박사의 『화성에서 온 남자 금성에서 온 여자』가 있다. 두 책 모두 남녀의 본질을 파고든 책으로 남성과 여성의 근본적인 차이에 초점을 두고 그 대처법을 실천적으로 설명하고 있다. 나는 특히 존 그레이 박사가 쓴 책의 제목이 마음에 든다. 남성은 화성인, 여성은 금성인이라는 캐치프레이즈가 바로 남녀 간의 차이를 상징하고 있기 때문이다.

이 두 책에서의 공통된 시점은 남자와 여자는 완전히 다른 생명체라는 점이다. 즉 상대방은 자신과는 다른 사고방식을 가지고 있는 인간이라고 생각하는 것이다. 부부 간의 다툼을 피하려면 먼저 남자와 여자의 사고방식이 다르다는 것에서 출발해야 하는 것이다. 예를 들어 앞에서 이야기한 방송 프로그램 중에는 가사를 도와주는 남성에 대해 부인이 잘못된 점을 지적하는 것에서부터 싸움이 확대되는 예를 보여주었다. 방청소를 한 남편에게 부인이 "방청소 안 했네?"라고 말한다. 남편이 "했어."라고 하자 부인은 "깨끗하지 않으니까 다시 해."라고 말하고 이에 남편은 "당신은 감사한 마음이 부족해."라며 화를 낸다. 이에 대해 "당신이야말로 집안일을 전부 하고 있는 나에게 고마워하는 마음이 없어."라고 소리를 높인다. 서로 고함치게 되는 싸움으로 번지게 된 것이다.

이러한 두 사람에게 '서로에게 감사의 말을 전하라'라고 이야기한다거나 '보다 부드러운 말투로 이야기하라'라고 조언을 건네는 것은 간단하겠지만 앞서 말한 바와 같이 문제는 그렇게 할 수 있는 심리상태가 아니라는 것이다.

그렇다면 어떻게 하는 것이 좋을까? 답은 앞서 언급한 바와 같이 서로가 가치관이 완전히 다른 존재라는 점을 자각하는 것이다. 자신이 생각하는 것처럼 상대방은 생각하지 않는다는 것을 알아야 한다.

남편의 입장에서 생각해 보면 청소를 했음에도 왜 부인은 하지 않았다고 하는가를 생각해 볼 필요가 있다. 그리고 자신이 하는 방식은 부인의 입장에서는 청소라고 할 수 없다는 것을 이해하고 어떻게 하면 부인이 만족하는 청소인가를 묻는 것이 좋다. 남편은 자신이 하고 있는 청소는 부인이 바라는 청소가 아니라는 것을 인지하고 그것을 개선해야 한다. 자신의 상식이 타인에게는 상식이 아니라는 점을 인식할 필요가 있다.

남편의 감각으로는 청소를 했다고 생각한다는 점을 아내는 이해해야 한다. 자신이 하는 것과 같이 완벽하지는 않더라도 그것은 나름대로 남편이 하는 청소 방식임을 이해할 필요가 있다. 그리고 그것으로 만족하거나, 그렇지 않고 완벽한 청소를 바란다면 자신이 하는 방법을 남편에게 가르쳐 주고 그렇게 해 주기를 상대방에게 전달하는 노력을 해야 한다.

근본적으로 남녀가 생각하는 것과 실행하는 방법의 차이에서 이런 문제가 발생한다. 그것이 이상하다고 느껴지더라도 상대방이 그렇게 생각하기 때문에 어쩔 도리가 없다고 생각하면 되는 것이다. 서로의 문화 차이를 이해한다면 이런 문제를 해결하는 것도 가능할 것이다.

일본 후생노동성(厚生労働省)의 2014년도 인구총계에 따르면 결혼 건수 대비 이혼 건수는 35.2%에 달한다. 연예인들의 이혼도 자주 화제가 되곤 하는데 이혼 기자회견에서 자주 듣는 말은 '서로의 가치관이 달라서'라는 이야기이다.

그러나 가치관이 같은 커플이 이 세상에 존재할까? 부부 간에 가치관이 다른 것은 당연한 일이다. 결혼이라는 것은 가치관이 다른 두 사람이 그것을 극복하고 공유할 수 있는 가치관을 만들어 내는 과정이다. 그것을 이해하지 못하기 때문에 금방 이혼을 선택해 버리는 것이다.

남녀의 가치관은 절대적으로 다르기 때문에 몇 번이나 결혼을 하더라도 결과는 같을 것이다. 처음에는 좋더라도 언젠가는 그 차이를 인식하기 때문에 또 다시 헤어지게 되는 것이다. 연예인 중에서 결혼과 이혼을 반복하는 사람은 이러한 전형이라 할 수 있다.

최근 통계에 따르면 미국인의 90%가 결혼하고 그 반이 이혼한다고 한다. 이혼한 사람들 중 75%가 재혼하고 재혼한 사람 중 60%가 또 다시 이혼한다는 보고가 있다. 즉 서로가 다르다는 것을 깨닫지 못하고 상대방에게 자신과 동일한 가치관을 요구한 결과, 다시 이혼이라는 반복적인 일이 일어나는 것이다.

부부생활이 원만한 사람들은 무의식적으로 이러한 사실을 알고 있다. 서로의 차이를 이해하며 서로를 존중한다. 이상적인 것은 두 사람 모두 서로의 차이를 이해하는 것이지만 적어도 한쪽이 그렇게 생각한다면 이혼까지는 가지 않을 것이다. 사이가 좋은 남편과 부인이란 서로의 차이를 인정하고 그것을 받아들이는 아량이 넓은 사람들이라고 할 수 있다.

결혼이라는 이름의 이문화 교류

처음부터 서로가 이문화라는 것을 알고 결혼하는 사람은 없다. 어떤 일이 일어날 것인가를 살펴보고자 앞서 언급한 이문화 적응 U자 곡선을 제시한다.

신혼생활은 사소한 다툼도 있지만 참으로 달콤한 허니문 기간이다. 주위로부터 축복을 받으며 염원했던 결혼생활이 시작된다. 둘이서 영화를 보러 가거나 밥을 먹으러 가며 즐거운 신혼을 만끽하게 된다. 그러나 그것도 잠시 서로 다른 점들이 보이기 시작한다. 조그마한 생활습관에서부터 생각하는 방식이나 가치관 등의 차이를 느끼게 된다. 즉 '보이지 않는 문화'의 차이에 직면하게 되는 것이다.

서로에게 기대하는 것들에서도 차이가 있음을 깨닫게 된다. 아이가 생기면 양육이나 가사 분담, 예의범절을 가르치는 방식에도 차이가 있을 수 있다. 부모를 대하는 방법이나 친척들과의 교류 등 많은 문제가 등장하는 것도 이 시기이다.

이것이 문화충격의 단계이다. 결혼해서 몇 개월에서 몇 년 사이에 찾아오게 된다. 이 단계에서 다툼이 잦아지고 심지어 이혼하게 되는 부부도 있다. 그리고 표면적으로는 드러나지 않더라도 어느 한쪽이 일방적으로 참고 있으면 언젠가 불만이 터져 나오게 된다. 중년의 이혼에서는 부인이 일방적으로 참고 있다가 아이를 다 키우고 난 다음에 사태가 발생하는 경우가 많다고 한다.

문화충격에서는 다툼도 많이 일어나지만 이 단계에서 서로 대화하고 서로의 차이를 깨달으며 위로해 나감으로써 극복할 수도 있다. 적응개시기로 넘어가게 되는 것이다. 다른 가치관을 가진 두 사람이 서로를 이해하고 새로운 가치관을 만들어 가는 단계라는 점에서 대단히 중요한 시기이다. 이 시기는 서로의 문화적 차이를 극복하려면 인내할 것은 인내하고 이해할 부분은 이해하고 설령 이해할 수 없더라도 그것을 받아들이는 것이 중요하다.

적응개시기에서 적응기로 넘어가는 시기는 서로의 생각이나 가치관을 공유하는 시기이다. 이것이 잘 이루어지는 부부는 서로 친밀하고 원만한 부부가 되는 것이다. 함께 여행을 가거나 가사를 분담하며 즐겁게 서로의 취미를 만들고 충실한 인생을 보낼 수 있게 된다.

부부관계를 흔히 '공기와 같은 존재'라는 말로 비유하는 경우가 있다. 이것은 두 가지 의미로 해석할 수 있는데 나쁜 의미로 해석하자면 있어도 없어도 상관없는 사람이라는 의미로 사용된다. 좋은 의미로 해석하면 평상시는 의식하지 않는 존재이지만 공기처럼 없어서는 안 되는 존재라는 의미이다. 서로의 사랑을 맹세하고 의식주를 공유하며 오랜 시간을 보낸 부부에게만 주어지는 행복감, 그것이 '공기 같은 존재'가 아닐까? 이문화 적응의 관점에서는 두 사람이 새로운 문화를 만들어 낸 결과, 서로를 의식하지 않아도 이해할 수 있는 관계에 도달했다고 말할 수 있다.

이처럼 원만한 가정을 만들려면 이문화 적응과정을 이해하는 것이 중요하다. 특히 문화충격의 단계는 정도의 차이는 있을 수 있으나 모든 커플에게 반드시 찾아온다. 이 때 중요한 것은 서로가 다르다는 점을 인정할 수 있는지의 여부이다. 많은 사람이 상대방도 자신과 같다고 생각하기 때문에 화가 나는 것이다. 앞서 언급한 존 그레이 박사처럼 상대방이 다른 별에서 온 우주인이라고 생각한다면 다소의 차이는 참을 수 있을 것이다.

부부관계의 변모

예전의 결혼생활은 며느리가 남편 쪽의 문화에 적응해 가는 과정으로 생각할 수 있다. 며느리로서 남편의 집에 시집을 간다는 것은 남편 쪽의 관습과 가풍을 따르고 그 집의 문화를 지켜가는 것을 의미한다. 여기에서는 시어머니의 존재가 크다고 할 수 있다. 그 집의 문화라고 할 수 있는 시어머니를 중심으로 집안이 돌아가기 때문이다. 따라서 남편도 자신의 문화를 바꾸지 않고 우쭐거리며 살 수 있었다.

그러나 현재 이런 상황은 거의 붕괴되고 있다. 일본 후생노동성의 2012년 국민생활 기초조서에 따르면 부모, 자식, 손자가 함께 사는 세대는 전체 가족의 7.6%에 불과했다. 1989년 조사에서는 14.2%였던 것이 지난 24년간 거의 반으로 줄어든 것을 알 수 있다. 게다가 이 수치는 부인 쪽 부모와의 동거도 포함되어 있기 때문에 남편 쪽 부모와 동거하는 가정은 훨씬 적을 것으로 여겨진다.

이 결과로 볼 때 결혼생활에서 달라진 점으로 살림을 꾸려가는 부인의 문화가 우세하게 되고 남편은 그 부인의 문화에 맞춰가는 이문화 적응이 일반화되어 간다는 것을 들 수 있다. 즉 핵가족이 늘어난 결과 각각의 가족문화는 더 이상 남편 쪽 문화가 아니라 집안을 총괄하는 부인의 문화권이 되고 남편은 부인의 문화에 맞춰갈 수밖에 없게 된다는 것이다.

남성이 아무리 분발해서 자신의 문화를 관철해 가려 해도 자식들은 대체적으로 어머니의 문화에 자신들도 모르는 사이에 길들여져 있다. '아버지 대 어머니와 자식'이라는 대립구도가 되어 승산은 없어진다. 백기를 들고 아내의 문화에 맞추어 살아가거나 자신의 문화를 바꾸려고 하지 않은 채 이혼해서 혼자 쓸쓸히 살아가야 한다.

이처럼 오늘날 많은 남성은 아내의 문화에 맞춰가며 살아간다. 자식이 있는 남편은 그것을 빠르게 자각하고 부인의 문화권으로 옮겨서 살아가는 것이 부부원만, 가정원만의 비결일지도 모른다.

자국에서의 부적응

일본에 건너온 유학생이 문화충격을 극복하고 일본 생활에 적응하여 무사히 대학을 졸업했다고 가정하자. 일본에서 취직하는 학생도 있지만 다수의 학생들은 모국으로 돌아간다. 모국으로 돌아간 유학생들은 그리운 고향에서의 생활이 기다리고 있다고 생각한다. 그러나 현실은 그렇지만은 않다.

모국을 떠나 사는 동안 현지의 문화에 흠뻑 젖고 거기에 적응한 유학생에게 모국은 이미 이문화가 되어 있는 것이다. 오랜 시간 해외에서 살면서 그 문화를 받아들이고 적응한 사람일수록 그 정도는 크다고 할 수 있다. 따라서 다시 한 번 이문화 U자 곡선을 그리게 된다. U자가 2개 겹쳐 W자가 되기 때문에 이와 같은 적응곡선을 **W자 곡선**이라고 부른다.

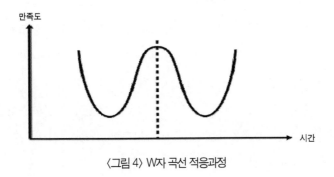

〈그림 4〉 W자 곡선 적응과정

귀국했을 때의 기쁨은 얼마 지나지 않아 사라지고 자기 나라를 떠날 때는 느끼지 못했던 여러 가지 위화감을 가지게 된다. 이와 같은 단계를 **역문화충격(Reentry-shock)**이라고 한다. 그 후 적응개시기를 거쳐 적응기에 이른다. 이문화에 적응한 사람일수록 역문화충격은 강해진다고 한다.

일본에서 공부한 유학생이 모국에 일시 귀국했을 때 느끼는 위화감에 대해 흔히 듣곤 한다. 지하철에서 다른 사람과 부딪쳐 뜻하지 않게 '죄송합니다'라고 말한다거나 전화를 하며 머리를 조아리는 자신을 보면서 웃었다고들 한다. 이 정도는 애교이다. 말하고 싶은 것을 주장하는 분위기나 주변을 배려하지 않는 태도에 화가 나는 경우도 많다고 한다.

일본에서도 오랜 기간 해외에 체류하고 귀국한 사람들의 태도가 일본인과는 다르다고 느낄 때 '～かぶれ(물듦)', '～帰り(돌아옴)'와 같은 말투로 배척하는 분위기가 있다. 일본은 미국이나 브라질 등의 이민국에 비해 균질적인 문화를 구축해 왔기 때문에 다른 사람들과 다른 것은 따돌림의 대상이 되어 버린다.

귀국자녀가 영어수업 시간에 일부로 어눌한 영어로 이야기했다는 것을 들은 적이 있다. 해외에서 귀국한 사람이라는 느낌을 주지 않으려는 고육책이었다. 이처럼 이문화에 힘든 적응을 거치고 난 뒤에도 귀국을 하면 이번에는 자문화에 재적응하는 곤란함에 부딪히게 되는 경우가 많다.

내가 가르쳤던 사회인 K씨도 이러한 역문화충격으로 괴로워했던 적이 있었다. 그녀는 영국에서 유학을 하고 그곳에서 문화충격을 경험했다. 남모를 고생을 극복하고 영국문화에 적응한 뒤 귀국한 그녀를 기다린 것은 일본이라는 이문화였다.

문화충격은 이문화에서 일어나는 일이라고 어느 정도 예상하고 준비를 할 수 있지만 역문화충격은 원래 자신이 익숙해 있던 모국에서 일어나는 일인 만큼 전혀 무방비 상태라는 점에 차이가 있다. 주변에서는 "저 사람은 영국에서 왔기 때문에 어쩔 수 없어."라는 말을 듣기도 하고 한때는 사회부적응자로 낙인찍힐 뻔했지만 강한 의지로 극복하고 어떻게든 생활해 가는 방법을 터득했다고 한다. 자칫하면 일본이 몹시 싫어지고 모든 것을 부정적으로 여기고 자기 자신도 잃어버릴 뻔했다고 당시를 회상했다.

　나 자신도 해외에서의 생활이 길어졌던 탓에 일본에서의 삶에 딱딱함을 느끼게 되었던 사람이다. 특히 해외에 체류했던 나라가 브라질, 미국, 호주라는 이민으로 이루어진 나라였기 때문에 이들 나라의 공통적인 '나는 나, 타인은 타인'이라는 방식에 완전히 적응해 버렸다. 하지만 일본은 다른 사람에게 신경을 쓰며 살아가야 하는 나라이다. 나 자신은 이문화 커뮤니케이션에 관한 지식이 있기 때문에 주변과 나름대로 어울리며 생활하고 있지만 일본이라는 전체 문화에 대해서는 이질적인 존재라고 느끼고 있다.

　예를 들어 일은 즐거운 것, 즐겁게 하는 것이라는 사고가 있어서 그렇게 일을 하고 있으면 주변 사람으로부터 종종 오해를 받는다. 일보다 자신이 즐기고 있다거나 여유롭게 일을 하고 있어서 일을 더 시켜야겠다고 생각하는 모양이다.

　일본의 사무실에서는 찌푸린 얼굴로 컴퓨터를 쳐다보며 있는 사람이 웃는 얼굴로 즐겁게 일을 하는 사람보다 성실히 일하고 있다는 평가를 받는 경향이 있다. 즐겁게 일을 하는 것 보다 '정말 바빠서 힘들다'와 같이 긴장감을 가지고 일하는 것을 선호하는 것 같다. 어찌 되었든 가벼운 역문화충격을 거쳐서 일본에 재적응을 하게 되지만 시간이 지나도 이런 위화감은 마음속에서 사라지지 않는다.

자국 내에서의 이동도 마찬가지로 역문화충격이 발생한다. 나는 야마나시에서 태어나 야마나시에서 자랐지만 지금은 완벽히 시즈오카현 사람이 되었다. 이제 와서 야마나시에서 살라고 하면 야마나시 문화에 재적응하는 것은 꽤나 어려울 것 같다는 기분이 든다.

고향에서 고등학교를 졸업하고 도쿄와 같은 대도시의 대학에서 공부를 하고 취직을 해서 다시 자기 고향으로 유턴한 많은 사람은 역문화충격을 느낄 것이다. 도쿄와 비교해 보면 지방은 여러 측면에서 뒤처져 있는 것이 많고, 어릴 때는 당연하다고 생각했던 일들도 불편하다고 생각할지도 모른다. 지방 특유의 이웃과의 교제도 성가시게 느껴질 것이다.

지방에 돌아와서도 도쿄 생활은 이렇다 저렇다 등의 불만을 말한다는 것은 역문화충격에서 벗어나지 못했다는 증거이다. 그런 불편함을 받아들이고 시골 생활의 좋은 점을 재인식할 수 있어야 비로소 재적응했다고 할 수 있는 것이다.

샐러리맨은 괴로워

지금까지 살펴본 U자 곡선, W자 곡선은 어떤 의미에서 그 나라를 동경하고 그 나라에 가고 싶다는 희망을 실현한 사람들의 이문화 적응과정이었다. 따라서 이문화에서의 생활은 흥분과 기대로 시작하는 것이 보통이다. 그러나 그 나라에 가고 싶지 않다고 생각해도 갈 수

밖에 없는 사람들도 있다. 예를 들어 업무명령으로 해외 발령을 받은 회사원이나 그 가족들이다. 대학생이라면 지망하는 학교에 떨어지고 하향 지원한 학교에 마지못해 가게 되는 경우이다. 취업에서도 희망하는 직종의 회사에 모두 떨어지고 어쩔 수 없이 들어간 회사에서 일을 하는 경우이다.

이와 같은 상황에서의 충실도는 아마 가장 낮은 단계일 것이다. 이 경우의 이문화 적응은 스트레스와 적응을 반복하며 성장해가는 **나선형 적응과정**으로 설명할 수 있다.[25] 처음에는 스트레스를 받는 경우가 많아도 조금씩 적응을 반복하고 점점 그 문화생활의 충실도를 높여간다는 것이다.

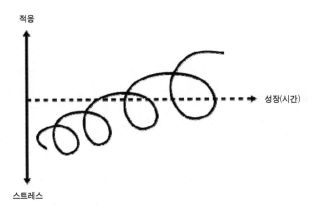

〈그림 5〉 나선형 적응과정

내 강의를 들은 사회인 T씨가 있었다. 그 사람의 이문화 적응은 참으로 나선형 적응과정 그 자체였다. T씨가 발령받은 곳은 태국의

---

[25] Kim&Ruben(1988)이 제시한 모델 「적응·스트레스·성장의 다이나믹」에 의함.

방콕이었다. 엔지니어로서 4년간 현지에서 살게 되었다고 한다. 자신이 희망하지 않더라도 회사에서 가라고 하면 가야 하는 것이 샐러리맨의 괴로운 점이다. 개발도상국 특유의 혼잡한 거리, 비위생적인 생활 상태, 열악한 노동환경 등 부임한지 얼마 되지 않은 그에게 태국은 최악의 상태였다. 참으로 밑바닥에서부터 이문화 생활이 시작된 것이다.

태국 사람들은 약속 시간을 지키지 않고 사과도 없이 "Mai pen rai(괜찮다, 상관없다)"라고 한다. 버스 운전기사가 휴대전화로 통화한다거나 밥을 먹거나 신문을 보기도 하고 급기야 화장실에 가는 등 일본에서는 상상도 할 수 없는 행동을 볼 때마다 조바심은 쌓여만 갔다. '그래서 이 나라는 시간이 지나도 발전되지 않는 것이다'라며 마음속으로 몇 번을 투덜대었는지 모른다.

게다가 태국 사람들은 '일본인은 왜 그렇게 급해? 그렇게 생활하면 재미있나? 인생은 더 즐겨야 해'라고 말하며 마치 자신들의 적당함을 정당화하고 있는 것처럼 보였다고 한다. 그런 태국인들의 모습을 마음속으로는 경멸의 눈으로 바라보았다.

그런 T씨였지만 시간이 지나면서 적응과 스트레스를 반복하며 점차 태국 생활에 익숙해져 갔다. 4년 후 일본으로 돌아갈 즈음에는 태국에서의 생활이 너무 좋아졌다고 하니 재미있는 일이다. 그 시간이 느긋하게 흘러가고 어떤 일에 크게 집착하지 않는 Mai pen rai 문화에 빠져버렸다고 한다. T씨가 귀국한 당시는 일본이 참으로 갑갑한 나라라고 생각하게 되었고 역문화충격을 느끼게까지 되었다고 하니 우리의 상식이라는 것은 꽤나 느슨한 것 같다.

소수자(마이너리티)의 처세술

　지금까지 다양한 이문화 적응 사례들을 살펴보았다. 우리의 과거를 돌이켜 보면 얼마나 많은 이문화 적응을 반복해 왔는가를 알 수 있을 것이다. 남편과 부인 같은 일대일 이문화적응은 예외적이고 대부분의 경우 소수자(마이너리티)가 다수자의 문화에 맞춰 가는 것이 일반적이다. 물론 소수자라 하더라도 자문화를 주장하며 살아가는 것도 가능하다.

　예를 들어 간사이(関西) 출신 사람들 중에는 간사이 지방 밖에서도 간사이 말투를 사용하는 사람들이 있는데 이들은 자신이 간사이 사람이라는 정체성을 강하게 주장한다. 이 경우 주변 사람과 마찰이 생길 가능성이 있음을 자각하는 편이 좋을지도 모른다. 간사이 사람들의 강한 주장을 간토(関東)에서는 정도가 지나치고 뻔뻔하다고 느끼는 사람이 많이 있기 때문이다. 다만 요시모토코교(吉元興行, 일본 예능 프로덕션)와 같은 간사이 말투를 쇼비즈니스로 하는 예능인들은 별개이다. 그들은 간사이 지역의 특색 있는 말투로 인기를 모으고 있기 때문이다.

　모두가 간사이 사람들과 같은 터프함을 가지고 있지 않다면 자신이 소수자임을 자각하고 다수자에 맞춰가는 것이 현명한 방법일 것이다. '로마에 가면 로마의 법을 따르라'까지는 아니지만 얼마나 새로운 환경에 맞춰갈 수 있는가가 성공의 열쇠가 되는 것이다.

　마지막으로 이문화 적응을 극복할 때 알아 두어야 할 것을 정리하면 다음과 같다.

(1) 새로운 생활은 이문화 적응의 시작이다.

(2) 누구나 문화충격을 경험한다.

(3) 문화충격의 대부분은 '보이지 않는 문화'에서 발생한다.

(4) '보이지 않는 문화'에 익숙해지고 수용함으로써 거기에 적응해 간다.

    인생은 이문화 적응의 반복이다. 환경이 바뀌는 것은 이문화 적응의 시작임을 자각하는 것이 중요하다. 이문화 적응과정을 이해한다는 것은 문화충격을 누그러뜨리고 보이지 않는 문화에 대한 대응도 용이하게 한다. 문화충격의 미로에 빠져들더라도 당황하지 않고 벗어날 수 있다. 새로운 생활이 시작되면 새로운 환경에 적응하는 것과 마찬가지로 생각을 바꾸어서 새로운 문화를 받아들이는 적극적인 자세가 이문화 적응을 촉진시킨다고 할 수 있다.

제3장

태양은 붉게 빛나는가?
(문화의 차이를 인식하는 장)

태양은 붉게 빛나는가?

(문화의 차이를 인식하는 장)

【키워드】

- □ 상식
- □ 습관의 차이
- □ 인식의 차이
- □ 인지심리학
- □ 전경(Figure)
- □ 배경(Ground)
- □ 환경의 차이
- □ 발상의 전환

　인간관계 문제의 대부분은 문화가 다른 데에서 기인한 생각의 차이가 원인이 된다. 우리 주변에 넘치는 이문화와 잘 공존해 가려면 먼저 이문화의 존재를 인식할 필요가 있다. 하지만 이것은 간단해 보이지만 어려운 일이다. 이문화는 보이지 않는 부분이 많기 때문이다. 이와 같은 '보이지 않는 문화'를 인식하려면 실제 일어난 사례들을 생각하거나 퀴즈를 풀어가며 사고를 유연하게 할 필요가 있다. 이 장의 마지막에 '발상의 전환'을 돕는 퀴즈가 마련되어 있다. 퀴즈를 풀어봄으로써 상식에 얽매이지 않는 사고방식이란 무엇인가를 실제로 알아보자.

상식에 얽매이지 않다

지금까지 사람들 사이에 일어나는 마찰이나 트러블의 대부분은 문화가 다른 데에 기인한다는 사실을 살펴보았다. 이와 같은 트러블을 피할 때는 상대방의 문화를 이해할 필요가 있다. 그러나 그것은 간단한 문제가 아니다. 왜냐하면 그러한 트러블의 요인이 되는 문화는 보이지 않는 경우가 많기 때문이다. 자신 이외의 사람들은 이문화라고 생각할 수 있다 하더라도 그것이 어떤 차이를 가지고 있는가를 알아내는 것은 의외로 어려운 일이다.

그렇다면 어떻게 하면 좋을까? 그것은 끊임없이 신경을 곤두세우고 다각도로 이문화를 관찰하려는 노력을 하는 것이다. 그러려면 상식에 얽매이지 않는 유연한 태도가 요구된다. 예를 들어 아래 수식을 보고 마지막 수식(8번)의 정답을 알아내 보자.

$$
\begin{aligned}
(1)\quad & 3 + 4 = 7 \\
(2)\quad & 8 + 2 = 10 \\
(3)\quad & 6 + 3 = 9 \\
(4)\quad & 8 + 5 = 1 \\
(5)\quad & 9 + 3 = 12 \\
(6)\quad & 7 + 9 = 4 \\
(7)\quad & 10 + 1 = 11 \\
(8)\quad & 8 + 10 =
\end{aligned}
$$

이 문제는 이문화 커뮤니케이션 분야에서 유명한 퀴즈이다. 지금까지 이문화 커뮤니케이션을 배운 경험이 있는 사람이라면 한 번 정도는 본 적이 있을 것이다. 이 문제를 처음 봤다 하더라도 바로 답을 알아냈다면 당신의 상당히 유연한 사고의 소유자라고 할 수 있다. 이 문제의 답은 6이다.

이 문제를 생각함에 있어 문제가 되는 수식은 (4)번과 (6)번이다. 두 개를 제외하고는 보통 우리가 알고 있는 계산으로 답을 도출해낼 수 있다. (4)번과 (6)번은 본래 수식으로 계산하면 13과 16이여야 한다. 그러나 왜 1과 4가 되는 것일까? 직감이 좋은 사람들이라면 이 시점에서 알아차렸을 것이다.

즉 13과 1, 16과 4를 비교해 보면 무언가 보일 것이다. 그렇다. 시간을 생각해 보면 쉽게 알 수 있다. 13시=1시, 16시=4시라는 관계이다. 핵심은 십진법이 아니라 십이진법으로 생각한다는 것이다. 그렇게 하면 (8)번은 '8+10=18=6'이 되는 것이다.

이 퀴즈가 의미하는 것은 우리의 상식 즉 십진법으로 아무리 생각해도 답을 찾을 수가 없다는 데에 있다. 그래서 십진법이 아닌 다른 방식을 찾아야 한다. 만약 십이진법이라는 방식을 발견한다면 답을 간단히 찾을 수 있다. 거기에 따라 계산만 하면 되기 때문이다.

이 십진법과 십이진법을 문화시스템으로 생각한다면 어떨까? 예를 들어 여러분이 십진법의 문화에 있다고 생각해 보자. 여러분이 십이진법 문화에 가서 거기에서 십진법 방식을 관철시키려 하면 어떻게 될까? 아마 어떤 일도 잘 되지 않고 좌절하고 말 것이다. 앞 장에서 보았던 대학교원 C씨나 꿈이 깨진 채 귀국한 유학생 등이 이와 같은 사람들이다. 그러나 이 나라에서는 십이진법으로 움직이고 있다는 것을 알고 있다면 어떻게 될까? 십이진법에 따라 일이 진행된다면 무슨 일이든 순조롭게 일이 풀리게 될 것이다.

이 문화의 차이, 시스템의 차이를 이해할 수 있는 사람은 유연함이 있어서 어떤 문화에 접하더라도 적응력이 빠르다고 할 수 있다. 앞 장에서 보았던 이문화 적응 문화충격을 바로 통과해 갈 수 있는 사람이다. 반면 자신의 의견을 고집하는 완고한 사람일수록 이문화 적응은 어렵게 된다.

그렇다면 사고가 딱딱한 사람이라도 유연하게 될 수 있을까? 나는 이 질문에 '그렇다'라고 대답한다. 자신 이외의 것은 이문화라는 것을 이해하고 자신과 다른 문화를 이해하고자 하는 생각만 있다면 가능하기 때문이다. 이 장에서는 이러한 이문화 이해를 어려워하는 사람들을 위해 실제 일어난 사례를 통해 '보이지 않는 문화'에 대해 함께 생각해 보자.

냉정한 일본인

'보이지 않는 문화'도 여러 가지가 있지만 일반적으로는 **습관의 차이**로 생각할 수 있다. 다만 습관의 차이라고 하더라도 간단히 알 수 있는 것부터 지나치게 무의식적이라서 그것이 문화라고 자각하지 못하기도 한다. 일본인의 인사 습관은 이해하기 쉬울 것이다. 상대에 따라서 머리를 숙이는 각도가 달라지는 것과 같은 보이지 않는 문화가 있기는 하지만 비교적 간단하게 받아들일 수 있다. 그 외에도 제1장의 '나의 상식, 다른 사람에게는 비상식?'에서 생각했던 시간이나 의복, 욕조, 더치페이 등의 습관의 차이도 이해하기 쉬운 편이다.

예를 들어 아래의 사례는 어떠한가? 이 이야기를 통해 일본과 중국의 문화 차이를 이해할 수 있을지 살펴보자.

중국의 일본계 유통기업에서 간부 후보생으로 채용된 장 씨는 3개월간의 연수를 받고자 사이타마(埼玉)현에 있는 이 기업의 연수시설을 찾아왔다. 장 씨는 대학시절 일본어를 공부해서 일본에 온 경험은 없지만 일본 생활에 곤란하지 않을 정도의 일본어 능력을 갖추고 있었다. 이 기업의 접객서비스를 일본 점포에서 실제로 경험하는 것이 이번 연수의 목적이었다.

한 점포에서 일주일 정도 일한 뒤 동료 일본인 담당자들이 환영회를 열어주었다. 직장에서는 다소 서먹서먹하게 느꼈던 일본인 담당자들도 술집에서는 밝게 대해 주었고 술을 마시고 노래를 부르며 떠들썩하게 놀았다. 장 씨는 처음으로 일본인과 허물없이 지냈다고 느껴서 매우 기뻐했다.

다음날 언제나처럼 점포에 출근한 장 씨는 어딘가 모르게 일본인 담당자들의 모습이 이상하다고 느꼈다. 장 씨에 대한 태도가 차갑다고 느낀 것이다. 장 씨는 뭔가 실수한 것이 없나 생각해 보았지만 아무리 생각해 보아도 그럴 만한 행동은 하지 않았다. 이후 장 씨는 어떻게 해야 일본인과 사귈 수 있는지 자신감을 갖지 못하게 되었다.

실제 한국인과 중국인으로부터 이와 같은 상담을 몇 차례 받은 적이 있는데 그리고 나서야 일본인에게 보이는 행동방식의 특징을 깨닫게 되었다. 일본인의 특징이라고 인지하지 못할 정도로 일본인에게는 너무나 당연하다고 생각되는 행동 중에는 외국인이 볼 때는 당혹스러운 문화가 숨어 있다.

그렇다면 일본인 담당자들은 장 씨에게 정말로 차가운 태도를 취한 것일까? 장 씨는 일본인들이 불쾌하게 느낄 만한 행동을 했던 것일까?

아마 그렇지는 않을 것이다. 즉 일본인 담당자들은 장 씨에게 차가운 태도를 취한 것이 아니고 장 씨도 일본인에게 실수를 한 것이 아니라는 이야기이다.

그러면 어째서 장 씨는 일본인 담당자들이 차갑다고 느낀 것일까? 그것은 일본인 담당자들이 어젯밤처럼 친해진 분위기로 장 씨를 대하지 않았기 때문이다. 일본에는 공과 사를 구분하는 것을 미덕으로 여기는 문화가 있다. 회사에서 일을 하는 것과 사적으로 술을 마시는 것은 다른 차원이라고 생각한다. 많은 사람이 술자리에서 일 이야기를 싫어하는 것은 이런 이유에서이다. 일본인들은 술자리에서 아무리 허물없이 지내더라도 직장에 돌아와서는 원래의 진지한 모습으로 일하는 것을 당연하다고 여긴다.

예전부터 일본에는 'TPO(Time, Place and Occasion)를 분별한다'라는 말이 있다. 이것은 본래의 영어에는 없는 일본에서 만들어진 영어(和製英語)로 시간과 장소와 상황에 따라 태도나 복장을 구분한다는 의미이다. 일본인은 주변 사람들을 배려하며 무의식적으로 TPO에 맞게 자신들의 행동을 구분한다는 것이다.

그러나 TPO의 개념이 상대적으로 낮은 중국인이나 한국인들은 술자리에서의 분위기 그대로 다음날 일본인과 만나게 되는 것이다. 여기서부터 큰 의식의 차이가 생기게 된다. 일본인들의 경우 회사에서는 이미 업무 모드에 들어가 있기 때문에 어젯밤 재미있었던 일들이 머릿속을 지나가더라도 평소와 다름없는 태도로 장 씨를 대한다. 어젯밤의 허물없는 분위기를 기대했던 장 씨에게 이러한 태도는 이해할 수 없는 것이고 어떻게 일본인과 소통하면 좋을지 고민하게 된다.

이와는 반대로 일본인이 한국에 가서 생활한다고 가정해 보자. 과연 어떤 일이 일어날 것인가? 이번에는 반대로 한국인들의 허물없는 태도에 일본인이 당황하는 모습이 연출된다. 한국에서는 친구가 되면 뭐든지 해주는 것이 우정의 표시라고 생각한다. 친구끼리 밥을 먹으러 가면 한 사람이 밥값을 전부 내는 것도 이러한 현상이다. 이 밖에도 친구 집에 가서 냉장고 문을 열어 마음대로 먹거나 마시거나 하는 것도 별 문제가 되지 않는다. 친구라면 친구 것은 내 것, 내 것은 친구 것이 된다. 일본인의 집에 놀러 간 한국인이 마음대로 냉장고를 열어서 먹고 마신다면 일본인들은 이를 뻔뻔하다고 생각하여 불쾌감을 느끼게 된다.

나는 대학에서 세미나 등의 소수 클래스의 경우 학생들이 음료수를 들고 오는 것을 허용한다. 거기서 한국인 유학생들끼리 한 음료수를 같이 나눠 마시는 모습을 흔히 목격하곤 한다. 어느 한국인 학생이 음료수를 책상 위에 두었는데 옆에 있던 한국인 학생이 눈짓을 보낸 다음 그것을 마시는 것이었다. 친구라는 것은 그 정도로 거리감이 없는 존재인 것이다.

'그렇구나, 친구가 되면 음료수를 나눠 마시는 거구나'라고 지레짐작하는 일본인도 있겠지만, 일본인이 같은 행동을 한다면 빈축을 살 수 있어 주의할 필요가 있다. 왜냐하면 음료수를 나눠 마실 때도 일본인들은 모르는 규칙이 숨어 있기 때문이다. 상대방의 음료수를 마시는 사람은 절대로 페트병에 입을 대지 않는다는 암묵의 룰이 있다.

그렇다면 어떻게 마실까? 입을 벌리고 페트병 입구가 입에 닿지 않게 들고서 마시는 것이다. 일본인들도 친한 사이끼리는 음료수를 나눠 마시기도 하는데 그럴 때는 입을 대고 마시는 것이 보통이다.

만약 일본인이 한국인의 음료수를 입을 대고 마신다면 상대방이 친근함을 느끼기는커녕 불쾌한 얼굴을 하게 될 것이다.

이처럼 우리가 평소에 무심코 하는 조그마한 행동에도 그 나라의 문화가 짙게 배어 있다. 그것을 깨닫는지 그렇지 않는지가 그 나라 사람들과 잘 지낼 수 있는 열쇠가 되는 것이다.

성실한 브라질인

하나의 사례를 더 소개한다. 브라질에서 온 외국인 연수원(실무 작업을 하지 않는 비실무 연수생)에 관한 이야기이다.

어느 일본 기업에 브라질에서 6명의 남자 연수생이 파견되었다. 25세부터 30세의 밝은 성격의 청년들이었다. 어느 날 이 연수생들이 소속된 총무부의 방이 다른 방으로 배속되어 이사를 도와주게 되었다. 젊은 남성이 6명이나 있어 총무부 과장은 마음이 든든했다. 짐정리를 시작으로 물건의 이동과 운반 등 브라질 연수생들은 바쁘게 움직였다.

그러나 총무과장을 비롯한 일본인 직원들은 브라질 사람들의 일솜씨는 높이 평가하지만 일하는 방식에는 상당히 당황했다. 또 곤란했던 것은 같은 건물 내에서 일하는 다른 부서로부터 불평이 들어왔다는 것이다.

이는 브라질 사람들을 조금이라도 알고 있다면 어느 정도는 예상할 수 있는 것들이다. 브라질 사람들은 어떤 방식으로 부서의 이동을 도와주었을까? 이것은 내가 실제로 브라질 사람들의 연수를 담당했을 때 일어난 일을 바탕으로 쓴 이야기이다. 나는 브라질에서 2년간 살았기 때문에 그들의 태도에 딱히 위화감은 없었지만, 보통의 일본인에게는 그들의 태도가 꽤 불성실해 보였을 것이다.

브라질 사람들은 일을 도와줄 때 큰소리를 내거나 웃기도 하고 때에 따라서는 노래를 부르면서 물건을 정리하거나 옮긴다. 그들에게 있어 인생은 즐거운 것이고 일 또한 인생의 한 부분인 것이다. 재미없고 단조로운 일일수록 노래를 하는 등 즐겁게 일하면 힘들지 않다. 그런 브라질 사람들의 태도가 일본 사람들에게는 불성실하게 보였던 것이다. 특히 같은 건물에서 일하고 있는 다른 부서의 입장에서는 시끄럽다고 불만을 제기하는 것도 그럴 수 있는 일이다. 정작 일을 도와준 브라질 사람들은 열심히 일했기 때문에 오히려 불만을 제기하는 것을 이해하지 못할 것이다.

그렇다면 어떤 해결책이 있을까? 먼저 첫 번째 해결책은 브라질 사람들에게 사전에 주의를 주는 것이다. 일본에서는 조용히 할 것, 노래는 삼갈 것을 철저하게 함으로써 이와 같은 트러블을 피할 수 있다. 다만 일본에 막 도착한 연수생들은 왜 이야기하거나(그들은 평소처럼 이야기하고 있다고 생각함) 노래를 부르면 안 되는지 이해하지 못한다. 따라서 일본에서는 왜 조용히 일을 해야 하는지에 대한 설명이 필요할 것이다.

두 번째 방법은 반대로 이 기업의 본사 사람들에게 브라질 사람들은 밝고 흥이 많기 때문에 이따금 시끄러워질지도 모른다고 이해를 구하는 것이다. 다만 연배가 있는 사람들은 참지 못하기도 하고 외부에서 온 사람들은 놀라기도 할 것이다.

세 번째 방법은 브라질 연수생들을 분리시켜 일본인들 사이에서 같이 일하게 하는 것이다. 사이가 좋은 6명이 함께 있으면 브라질 분위기에 편승해서 일하기 때문에 한명 한명을 일본인 그룹 속에 넣으면 그렇게 두드러져 보이지 않는다. 일본인들 사이에서 일하게 되면 일본인들이 일하는 방식에도 익숙해질 것이다. 다만 이 방법은 브라질 사람들이 어느 정도 일본어를 할 수 있다는 것이 전제가 되어야만 가능하다.

모난 돌이 정 맞는다

나는 라틴계 사람들이 즐겁게 일해야 한다는 생각에 찬성하지만 일본에서는 반드시 호의적으로 보는 사람만 있는 것은 아니다. 이전에 전문대학에서 교편을 잡았을 때의 일이다. 당시 나는 테니스 동호회의 고문을 담당하며 학생들과 함께 테니스를 즐겼었다. 사무실에서 테니스 코트가 그대로 보였기 때문에 대학 직원들은 테니스를 치는 나의 모습을 잘 볼 수 있었다.

어느 날 한 직원이 나에게 학생보다 선생님이 더 즐거워하는 것 같다는 말을 듣고 조금은 겸연쩍은 기분이 들었다. 일본에서는 학생을 지도하는 사람은 즐겨서는 안 되는 것이었다. 학생이 주역이 되고 그것을 도와주는 것이 선생의 임무이므로 선생은 즐겨서는 안 된다. 학생을 도와주면서 함께 즐기면 좋은 것이 아닌가라는 생각도 들지만 일본에서는 그다지 받아들여지지 않았다.

대학 사무실 분위기도 마찬가지로 같이 웃고 즐기며 일을 하는 사람은 별로 없다. 모두 어렵고 힘들어하는 표정으로 컴퓨터 앞에 앉아 있다. 만약 웃으면서 일을 한다면 주변 사람들로부터 성실하게 일하지 않는다는 취급을 받는다. 일을 하지 않더라도 재미없는 듯이 컴퓨터를 만지작거리고 있으면 즐기면서 일을 하는 사람보다도 열심히 일하고 있다는 느낌을 준다.

일본인의 장점으로는 주변과 조화를 이루고 어려운 일이 있는 사람을 도우며 서로 협력해서 생활해 간다는 상호부조의 정신을 들 수 있다. 그 반면 혼자만 빠지는 것은 좋지 않다고 여긴다. 혼자만 즐겨서는 안 되는 것이다. 따라서 모두가 힘들다고 느낄 때 한 사람만 힘들어 하지 않는다면 그 사람은 질투의 대상이 된다.

내 친구 중에는 60세 환갑을 맞이하기 전에 일을 그만둔 사람이 있다. 이 부부에게는 아이가 없어서 국내외 여행이 두 사람의 취미이다. 연금을 받기 전이지만 지금까지 모은 돈으로 도호쿠(東北) 지역에 봉사활동을 가거나 국내외 여행을 즐기고 취미 활동을 하는 등 유유자적한 생활을 즐기고 있다.

이 부부가 자주 이야기하곤 하는데 정말 친한 친구가 아니면 여행가는 것을 이야기하지 않는다고 한다. 이유인즉슨 주변 사람들로부터 질투를 사기 때문이라고 한다. 자신들만 행복한 것이 현재 일본 사회에서는 나쁜 것으로 여겨지기 때문이다. 따라서 다소 여유가 있어도 생활이 힘들다고 이야기하는 것이다.

최근 우리 대학에서 유학생에게 일본어를 가르치고 있는 여성으로부터 이제 환갑도 넘어서 시간강사를 그만두고 싶다는 상담을 받은적이 있다. 이제부터는 시간에 얽매이지 않고 여행을 하며 취미를 즐기고 즐거운 삶을 살고 싶다는 것이었다. 남편 역시 아직 건강하고자신이 무리하게 일을 하지 않아도 살 수 있을 정도의 여유는 있겠다는 생각이 들었다. 그녀도 정작 시간강사를 그만두려고 하니 함께 일하는 다른 동료가 마음에 걸려서 그렇게 즐겁지 만은 않다고 하였다. 이처럼 일본에서는 혼자만 즐겨서는 안 된다는 문화가 있다.

일본이라는 좁은 사회에서는 모두 같은 환경이어야 한다. 때문에 눈에 띄는 것들은 좋지 않은 것이다. IT버블26 시절 라이브도어의 호리에 다카후미(堀江貴文) 사장이 '호리에몬'이라는 애칭으로 시대의 인물이라는 찬사를 받았지만 눈 깜짝할 사이에 증권거래법 위반으로 유죄를 선고받게 된다. 같은 시기, 알려지지 않았던 투자펀드 사장인 우에무라 요시아키(上村世彰) 씨가 매스컴에 등장하고 그 역시 증권거래법 위반(내부거래)으로 유죄를 선고받은 것도 기억에 생생하다.

2005년 제44차 중의원선거(소위 우정선거27)에서 엉겹결에 얻은 행운으로 의원이 된 스기무라 타이조(杉村太蔵) 씨는 솔직하고 자유분방한 발언으로 매스컴의 주목을 받았으나 결과적으로 많은 일본 국민으로부터 반감을 사게 되어 재선에 실패하게 된다. 다음 중의원선거에서도 마찬가지로 예상치 못한 사람이 당선되었고, 모두 매스컴의 눈을 피하는 듯이 조용히 활동하고 있다.

주목을 받는다는 것은 눈에 띄는 일이고, 동시에 큰 위험도 안게 되는 것이다. 그래서 '눈에 띄지 않아야지'라고 생각하는 일본인이 많다. 해외 등에서 흔히 보이는 복권당첨자 발표를 일본에서는 본 적이 없다. 매년 몇 백 명씩 억만장자가 탄생하지만 그것을 공표하는

---

26 [역주] 1990년대말 미국을 중심으로 한 인터넷 관련 기업의 주가가 급격하게 상승한 경제상황을 말한다. 2001년 버블 붕괴로 경기는 크게 후퇴하고 세계적인 불황으로 이어진다.

27 [역주] 당시 고이즈미(小泉) 수상이 일본 우정(郵政) 민영화법안이 참의원에서 부결되자 공언한 대로 중의원을 해산하고 다시 총선을 실시하였다. 민영화 반대파가 자민당을 탈당하고 새로운 후보들이 주목을 받으면서 자민당이 압승하게 된다.

사람이 없다는 것은 눈에 띄게 됨으로써 받는 위험을 잘 알고 있기 때문이다.

　동일본 대지진에서 보여준 일본인의 단결력, 도덕성, 협동정신은 전 세계 사람들에게 감동을 주었다. 이러한 미덕이 있는 반면 '모난 돌이 정 맞는다'는 식으로 차등을 두지 않는 동질주의적인 문화도 있다는 점을 인식해야 한다.

　어느 문화에도 장단점이 있다. 일본의 문화도 한국의 문화도 미국의 문화도 모두 그렇다. 100% 좋은 문화는 없으므로 그 문화를 객관적으로 보는 눈이 우리에게 필요한 것이다. 여기서 언급한 사례는 문화의 한 가지 예로 여기에서부터 그 문화의 깊숙한 곳에 잠재해 있는 본질적인 부분을 찾을 수 있다. 이를 이해하면 많은 일본인의 행동패턴을 설명할 수 있다.

다른 색채 감각

　같은 것이라도 시점을 달리 하면 다른 것으로 보이는 것이 있다. 개인에 따라 다른 경우도 있지만 문화에 따라서도 다르다. 예를 들면 아래의 그림은 1888년 독일에서 발표된 '부인과 노파'라는 유명한 그림이다.

〈그림 6〉 부인과 노파

　반대편을 바라보고 있는 젊은 여성 혹은 왼쪽을 향해 있는 노파의 모습이 보인다. 이 그림을 본 적이 있는 사람이라면 양쪽 다 보이겠지만 처음 이 그림을 접하는 사람은 한 가지 그림만 보일 것이다.

〈그림 7〉 루빈의 컵

내 수업에서 학생이나 일반인에게 이 그림을 보여준 경험으로는 젊은 부인으로 보인다가 압도적으로 많았다. 노파가 보인다는 소수파였지만 시점을 바꿔서 보면 다른 인물이 보이게 된다.

이와 같이 **인식의 차이**와 유사한 것으로는 '루빈의 컵'이 있다. 이것도 심리학에서 자주 등장하는 그림으로, 알고 있는 독자도 많을 것이다.

인지심리학에서는 우리가 무언가를 인식하는 경우 두드러지는 부분을 **전경(Figure)**이라고 하고 두드러지지 않는 부분을 **배경(Ground)**이라고 한다. 보통 하얀 부분이 전경이 되고 어두운 부분이 배경이 되어서 컵이 보이게 된다.

반대로 어두운 부분이 전경, 하얀 부분이 배경이 되면 서로를 바라보고 있는 두 사람의 얼굴이 보인다. 같은 그림이라도 인식 방법의 차이에 따라 다른 것이 보이는 것이다. 이와 같은 인식의 방법이 문화에 따라서 다른 경우가 있다. 다음의 예는 실제 일본의 한 초등학교에서 있었던 일이다.[28]

어느 영어교육이 활발한 사립 초등학교에서의 이야기이다. 이 학교에는 영어권에서 온 원어민교사가 많이 있었는데 매년 한 차례 실시하는 발표회 시기가 가까워졌다. 이번 발표회에서는 학교 입구 앞에 큰 태양을 그린 그림을 걸어놓게 되었다.

---

[28] 하라사와(原沢, 2013) 『異文化理解入門』研究社(p.82)에서 인용.

그런데 이 태양 그림의 디자인에 대해 원어민교사와 일본인 교원 사이에 심각한 대립이 일어났다. 과연 어떠한 문제가 있었던 것일까?

이 대립의 원인을 해결하려면 우리가 매일 보고 있는 태양에 대해 문화에 따라 다른 인식이 있음을 인지할 필요가 있다. 같은 태양이므로 다르게 보일 리가 없다고 생각하는 사람은 이문화에 대해 너무 쉽게 생각한다고 말할 수 있다.

예를 들어 일본인은 태양을 어떤 색으로 표현할까? 아마도 당연히 빨간색이라는 대답이 돌아올 것이다. 확실히 일본 국기인 히노마루(日の丸)는 빨간색이고 아이들의 그림을 보아도 파란 하늘에 붉은 태양이 비추고 있는 것이 일반적이다. 노래 가사에도 '새빨간 태양'이나 '붉은 노을'과 같이 빨간색이 사용된다. 일본인에게는 너무나도 당연한 '태양=빨간색'인 것이다.

그러나 서양에서는 다르다. 과연 어떤 색일까? 답은 노란색이다. 나도 유학생을 대상으로 하는 클래스를 담당하고 있어 이 질문을 해보면 유럽에서 온 유학생들은 거의 노란색이라고 대답한다. 반면 한국이나 중국 등 아시아권 학생들은 빨강이나 오렌지색이라는 대답이 많다.

나는 스즈키 타카오(鈴木孝夫) 씨가 쓴 『日本語と外国語(일본어와 외국어)』(1990년)를 통해 이 사실을 처음으로 알게 되었다. 이 책에는 서양에서는 태양이 노란색으로 인식된다는 사실을 기술하고 있다.

스즈키 씨가 미국 일리노이대학의 언어학과에서 언어사회학을 강의하고 있을 때의 이야기이다. 강의를 마치고 집으로 돌아오자 스즈키 씨의 부인이 영어로 태양의 색은 무슨 색이냐고 물어보았다. 스즈키 씨가 당연히 빨간색이라고 대답하자 그의 부인은 "그렇지? 근데 이게 잘 맞지 않아."라고 하면서 신문의 단어퍼즐을 가지고 왔다고 한다.

'The color of the sun'이라는 힌트를 가지고 'red'라고 쓰면 칸이 3개가 비어버렸다. 여러 가지 생각을 해 본 결과 'yellow'를 써 넣으니 상하좌우 모두 맞는 단어조각이 되었다. 그러나 태양의 색이 노란색이라는 것은 아무리 생각해도 이상하다고 생각한 스즈키 씨는 알고 지내는 미국인에게 전화를 해서 물어보았다. 그러자 누구나 할 것 없이 "태양은 당연히 노란색이지."라고 말하고 그런 바보 같은 질문은 그만두라는 식으로 말하는 것에 대해 대단히 놀랐다고 한다.

그 후 스즈키 씨는 유럽의 여러 언어에서 태양은 무슨 색으로 인지하는지 조사하게 되었고, 영어, 프랑스어, 독일어, 이탈리아어, 스페인어 등 서유럽 언어권에서는 태양이 모두 노란색으로 인식된다는 사실을 알게 되었다고 한다. 러시아나 폴란드에서는 빨간색으로 인식하고 있어 유럽의 모든 언어에서 태양은 노란색이라는 것은 아니라는 사실도 알게 되었다.

이 사실을 알고 나서 다시 태양을 살펴보니 실제로는 눈이 부셔서 바로 볼 수가 없었다. 하지만 분명히 빨강색은 아니었다. 하얗게 빛나고 있는 느낌이 들었다. 그러나 수평선에 가까워지면 낮에는 도저히 정면으로 바라볼 수 없었던 태양도 조금씩 볼 수 있게 된다. 색깔도 조금 노란색을 띄고 있다. 그 후 석양이 저물면 빨갛게 물이 든다.

이것은 과학적으로 설명할 수 있다. 태양의 본래 빛은 무색의 백색 광선이다. 이 태양광은 파장이 짧은 것부터 보라색, 남색, 파란색, 초록색, 노란색, 주황색, 빨간색 빛이 섞여 있는 것이다. 저녁 무렵이 되면 태양은 지평선에 가까워지고 공기의 긴 경로 사이로 빛이 도달하게 된다. 그렇게 되면 파장이 짧은 빛은 산란되고 파장이 긴 빛(노랑, 주황, 빨강)만이 우리 눈에 들어오게 된다. 파장이 짧은 빛이 산란되는 만큼 빛의 양이 줄어들고 눈부시지 않게 되는 것이다.

즉 태양이 노란색으로 보이거나 빨간색으로 보이는 것은 양쪽 모두 맞는 것이다. 문화에 따라서 어느 한쪽의 이미지가 정착되었다고 할 수 있다. 덧붙여 태양이 노란색이라면 달은 무슨 색일까 궁금해진다. 서양에서는 흰색 또는 파란색으로 그린다고 한다. 이것도 달과의 거리나 대기의 상태에 따라서 달라지는데 맑은 날 하늘에 떠 있는 달은 푸르스름하고, 지평선에 가까워지면 노란색이 된다고 한다. 나도 밤에 열심히 달을 관찰해 보았는데 날씨가 좋은 밤에는 하얀 달이 많았고 구름이 얇게 껴있는 날에는 노란색으로 보이는 것 같았다. 여러분도 천천히 태양과 달을 감상해 보는 것도 좋을 것이다.

그러면 앞서 이야기한 초등학교의 태양 그림 이야기로 돌아가 보자. 이 문제는 결국 영어 원어민교사 측이 주장한대로 거대한 노란색의 태양 그림이 학교 앞에서 방문자를 환영하게 되었다고 한다. 어느 쪽의 주장도 맞는 것이지만 자신의 의견을 관철시킨 서양인과 화합을 중시해서 양보한 일본인이라는 문화의 차이로 생각해 보는 것도 흥미로운 일일 것이다.

수돗물을 마실 수 있는 행복

우리 문화는 우리가 살고 있는 환경에 큰 영향을 받는다. 향신료가 강한 요리는 더운 기후의 나라에 많다고 한다. 인도요리나 태국요리,

멕시코요리는 매운 것으로 유명하다. 매운맛 성분에는 식용증진 효과와 더불어 살균효과가 있다고 알려져 있다. 그리고 '나의 상식, 다른 사람에게는 비상식?'의 설문조사에서 살펴본 바와 같이 더운 나라에는 4계절의 구분이 없기 때문에 계절에 따라 옷을 바꿔 입는 습관도 없다.

반대로 북유럽과 같은 여름이 짧은 나라에서는 여름의 태양은 굉장히 소중한 것이어서 여름이 되면 모두들 모여서 일광욕을 즐긴다. 그러고 보니 캐나다의 여름은 매우 짧은데도 모든 집에 베란다가 있고 바비큐를 할 수 있는 테이블이 놓여 있다. 여름이라 해도 대개 20도에서 25도 전후로 일본인들에게는 서늘하게 느껴지는 기후임에도 짧은 바지에 T셔츠를 입는 사람들이 많아서 놀라게 된다. 겨울에도 바비큐를 하는 용감한 사람들이 있다고 들은 적이 있지만 일본인의 감각으로는 도지히 상상할 수 없는 일이다.

일본인들이 목욕을 좋아하는 것은 제1장 '모두가 다른 게 당연한 것'에서 설명했던 것처럼 화산으로 온천이 많다고 하는 지리적 환경이나 무더운 일본의 기후와 관련이 있다. 같은 일본이라도 홋카이도(北海道)나 도호쿠(東北) 사람은 피부가 희고, 규슈(九州)나 오키나와(沖繩)는 까무잡잡한 사람이 많은 것도 마찬가지로 지리적인 환경으로 햇볕의 차이 때문이다

목욕은 물이 충분하지 않으면 할 수 없다. 일본만큼 양질의 물을 싼 가격으로 이용할 수 있는 나라는 드물다. 도쿄나 오사카 같은 대도시에서는 수돗물이 맛이 없다고 하지만 내가 살고 있는 간나미초(函南町)에서는 후지산 자락의 용출수 덕택에 맛있는 물을 매일 마실 수 있다. 여기저기에서 물이 솟아나기 때문에 마시는 물로 사용하려고 용기에 넣어 가져가는 사람도 많다.

세계에는 수돗물을 마실 수 없는 곳이 많고 일본과 같이 수돗물을 마실 수 있는 나라는 그렇게 많지 않다. 세계에서 수돗물을 그대로 마실 수 있는 나라는 13개국밖에 되지 않는다고 한다. 일본의 연간 강수량은 세계 평균의 약 2배로 이 같은 수자원의 혜택을 받고 있는 생활환경은 일본문화와 밀접하게 관련되어 있다.

물이 부족한 중동 지역에서는 바닷물을 마시는 물로 바꾸는 해수담수화 사업이 진행되고 있지만, 이 사업은 열효율이 상당히 나쁘고 많은 양의 에너지를 필요로 한다. 게다가 해수로부터 만들어진 물은 우리가 마시는 물과는 함유성분이 크게 달라서 담수화로 만들어진 물은 맛이 없다고 한다. 따라서 그 물에 미네랄을 첨가하는 등의 방법으로 인공적으로 맛을 조절해야 한다. 강수량이 적은 중동 지역에서는 수자원 확보가 가장 중요한 과제이며 팔레스타인·이스라엘 분쟁의 배경에 수자원을 둘러싼 대립이 있었다는 사실은 널리 알려져 있다.

이와 같이 환경과 문화는 상당히 밀접한 관계에 있기 때문에 각각의 문화를 생각할 때 그 환경의 차이에 주목할 필요가 있다. 예를 들어 다음의 그림을 살펴보자. A와 B의 직선은 같은 길이로 보이는가?

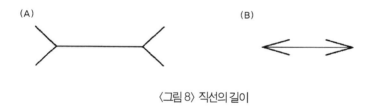

〈그림 8〉 직선의 길이

어떻게 보아도 A직선이 길어 보인다. 실제는 두 직선이 같은 길이이지만 그 직선에 접하는 선의 방향(**환경의 차이**)에 따라 다른 이미지가 만들어지는 것이다. 즉, 물에 대한 생각도 이 직선과 마찬가지로 나라에 따라 다른 가치관을 가지게 된다. 어느 곳이나 물이 풍부한 일본과 물을 확보하기가 어려운 중동이라는 다른 환경에서는 물에 대한 인식이 크게 다를 것이다.

이처럼 주변 상황에 따라서 다르게 느껴지는 현상은 패션에도 응용된다. 다리를 길게 보이고자 하이웨스트 스커트나 바지를 입고 부츠컷 팬츠를 입는 것도 이와 같은 원리를 응용한 것이다.

그렇다면 다음의 그림은 어떠한가? A와 B 좌우 중심에 있는 원은 같은 크기로 보이는가? 중심에 있는 좌우 원의 크기는 똑같지만 우리의 눈에는 다른 크기로 보인다. 이것은 예를 들어 유학생 중에 독일이나 네덜란드와 같이 키가 큰 나라에서 온 여학생의 경우, 자국에서는 평균키 정도이지만(170cm) 일본에서는 큰 사람으로 인식되어 싫다는 것과 유사하다.

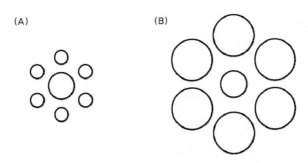

〈그림 9〉 가운데 원의 크기

또 미국에서 온 한 백인 남자는 호리호리해서 일본 여성에게 인기가 있었지만 정작 본인은 미국에서는 너무 마른 체형이기 때문에 자국에서 보충제를 주문해서 근육을 늘리려고 노력하던 모습이 인상적이었다. 여성에게 인기 있는 체형은 일본과 미국이 다르다. 일본에서는 마른 체형을 좋아하는 반면 미국에서는 근육질의 튼튼한 체형이 인기가 있다.

일반적으로 동양인이 서양인과 비교해 젊게 보이는 것도 환경에 의한 차이이다. 동양인은 5~10살 전후로 나이를 속여도 그렇게 보이는 경우가 많다. 내가 호주에 있을 때 호주 대학으로 단기 유학을 온 일본 여학생이 있었다. 현지의 동물원에 들어가려고 하는데 중학생 요금을 내라고 했다는 이야기가 떠오른다.

미국에서는 21세 미만은 술을 살 수 없기 때문에 대학생은 신분증을 제시해야 한다. 30대인 일본인이라도 여권을 제시하지 않으면 실제 나이를 믿어 주지 않는다는 이야기를 흔히 들을 수 있다.

이처럼 우리의 가치 기준은 절대적인 것이 아니라 상대적인 기준에 의해 판단되는 것이다. 그 큰 요인으로 주변의 환경이 포함되는 것이다. 최근에 일본에서는 초식남과 육식녀가 증가하고 있다고 한다. 절대로 먼저 여성에게 접근하지 않는 남성을 초식남이라고 하고 연애나 결혼상대를 구하려고 적극적으로 행동하는 여성을 육식녀라고 한다. 육식녀의 입장에서는 일본 남성들이 어딘가 부족하기 때문에 자신의 짝을 찾으러 세계로 결혼활동을 하러 나간다는 어느 여성의 이야기를 읽은 적이 있다.

일본에서는 남성들에게 인기가 없는 강인한 여성이라도 가치관이 다른 세계에서는 결혼상대로 인정받을 가능성이 높다고 할 수 있다. 이 여성은 노력한 보람이 있어 당당히 프랑스인과 결혼하게 되었다. 해외에서는 일본 여성의 평판이 좋기 때문에 이러한 성공 사례는 앞으로도 육식녀가 해외 결혼활동을 하는 계기가 될지도 모른다.

너무 밝은 조명

환경과 문화 사이에는 밀접한 관계가 있다. 다음 사례의 배경에도 이와 같은 환경에 의한 문화적 차이가 있다. 이 이야기도 실화인데 여러분은 그 구체적인 배경을 이해할 수 있는가?[29]

인도네시아에 진출한 한 일본 회사는 현지 직원들에게 클레임을 받고 놀랐다. 공장 내 조명이 너무 밝아서 조금 어둡게 해달라는 요청이었다. 일본 공장에 있는 조명과 비교해 보아도 결코 조도가 높지 않았음에도 왜 인도네시아 사람들이 이런 요구를 하는 것인지 일본인 담당자들은 이해할 수 없었다. 그렇지만 직원들의 요구를 받아들여 조명 밝기를 낮췄더니 더 이상 클레임은 나오지 않았다고 한다. 왜 인도네시아 직원들은 이같은 요구를 한 것일까?

이 사례를 이해하려면 지금까지 살펴본 것처럼 인도네시아와 일본의 지리적인 환경을 이해할 필요가 있다. 기후의 차이가 가장 클 것이다. 인도네시아는 거의 적도에 가깝게 위치한 열대성기후에 속한다. 이에 반해 일본은 온대기후에 속하고 봄, 여름, 가을, 겨울 4계절이 확연히 구분된다. 인도네시아와 같은 무더위는 7월부터 9월에 걸친 몇 개월 정도이다. 이것이 직원들이 그러한 요구를 하게 된 힌트가 된다.

인도네시아는 전기 공급이 원활하지 않은 나라이다. 하지만 어두운

---

29 異文化間教育学会 · (財)国際文化フォーラム共催、第一回異文化間教育学会研修会「異文化での心理的援助 · 支援」(2003)에서 소개된 사례를 기초로 작성하였고, 하라사와(原沢, 2013)『異文化理解入門』研究社(p.84)에 게재한 것을 인용하였음.

환경에 익숙해져 있기 때문에 조도를 낮춰 달라고 요구했다는 것은 정답이 아니다. 정답은 조명의 밝기로 열이 발생하기에 조명을 줄여 달라고 요구했다는 것이다. 조명에 더위를 느끼는 일이 있을까 생각하는 사람이 있을지도 모르지만 실제로 그렇다.

만약 여러분이 여름에 이 책을 보고 있다면 무더운 한낮에 냉방을 하지 않고 조명을 전부 켜 보아라. 분명히 더위를 느낄 것이다. 나도 이 같은 경험을 한 적이 있다. 여러분도 이런 경험을 한 적이 있겠지만 여름은 순식간에 지나가고 가을이 오고 겨울로 바뀐다. 조명에 더위를 느낄 새도 없이 계절은 변해간다. 이에 비해 1년 내내 여름이라고 해도 좋을 정도의 인도네시아에서는 '밝기=더위'라는 이미지가 머릿속에 박혀 있다. 실제 공장의 실내 온도는 적절한 온도로 유지되고 있지만 밝은 실내 때문에 무의식적으로 더위를 느끼게 된다.

행동주의 심리학자인 이반 파블로가 발표한 조건반사 실험을 알고 있을 것이다. 개에게 먹이를 줄 때마다 종을 울렸더니 먹이를 주지 않고 벨소리만 들어도 개는 반응해서 침을 흘리게 되었다는 것이다. 이 개는 '파블로의 개'라고 불리게 되고 파블로도 이 실험을 바탕으로 노벨과학상을 수상하였다.

인도네시아 사람들이 조명의 밝기에 느끼는 더위 역시 이 조건반사와 닮은 점이 있다. 어렸을 때부터 태양이 빛나는 맑은 날은 덥고, 구름이 낀 날은 시원하다는 사실을 체득하고 있기 때문에 밝은 것을 보는 것만으로도 저절로 더위를 느끼게 되었다는 것이다. 밝기 자체에는 어떤 차이가 없음에도 사는 환경이 다르면 반응도 달라진다는 것이다.

우리의 일상생활을 살펴보더라도 환경에 따라 다른 느낌을 받는 경우가 많이 있다. 예를 들어 식문화는 눈에 보이는 모습이 중요하다. 우리는 고급 레스토랑에 가서 멋있게 장식되어 있는 식재료를 보는 것만으로도 식욕을 느낀다. 일본요리는 식기의 아름다움과 요리의 소재, 색채의 조화로 마치 예술작품 같다고들 한다. 2013년에는 세계무형유산에 등록되었을 정도이다.[30]

인스턴트 라면을 먹을 때 냄비째 먹을 것인지 그릇에 옮겨 담아 먹을 것인지 누군가 물어본다면 대부분의 사람들은 그릇에 옮겨 담아 먹는다고 대답할 것이다. 보이는 것이 중요하다는 것은 보기 좋은 음식이 맛도 있다는 지금까지의 경험에 근거하고 있기 때문이다. 예쁘게 장식되어 있는 음식이 우리의 식욕을 자극시키는 것은 그러한 이유이다.

반대로 눈에 보이는 모습이 좋지 않은 쪽이 맛있다고 느끼는 경우도 있다. 우리 집에서는 예전부터 자연식품을 애용해 왔다. 농약이나 화학비료를 사용하지 않고 키운 채소의 경우 겉모습은 결코 좋지 않다. 당근은 형태도 좋지 않고 빈약하다. 감자도 큰 것부터 작은 것까지 사이즈도 각양각색이다. 그러나 이런 채소가 안전하고 식재료가 가지는 본래의 맛을 낸다.

내가 살고 있는 시즈오카는 귤 생산으로 유명한 지역이다. 최근에는 농가를 잇는 후계자가 부족해서 소독이나 비료, 가지치기도 하지 않고 방치한 귤 밭이 여기저기에 널려있다. 이러한 사정으로 싼 값으로 귤을 먹는 것이 우리 집 겨울의 즐거움이 되었다. 시판되는 예쁜 귤들과 비교해 보면 색깔도 나쁘고 모양도 고르지 않다. 하지만 신맛

---

[30] [역주] 일본인의 전통적인 식문화인 '和食(わしょく, 와쇼쿠)'가 2013년 세계무형유산에 등록되었다.

이 강하고 맛이 진한 귤에 익숙해지면 시판되는 귤은 맛이 없어 먹을 수 없다. 선물용으로 귤을 상자째 받는 경우가 있는데 시판되는 귤은 색깔이나 모양은 예쁘지만 맛이 부족해서 맛있다는 생각이 들지 않는다. 이러한 채소나 귤에 대한 나의 이미지는 '색깔이나 모양이 나쁜 것= 맛있는 것'으로 박혀 있다.

채소나 귤의 예는 개인의 문화라고 할 수 있으나 국가라는 큰 단위에서는 환경이 사람들의 삶에 주는 영향이 크다고 할 수 있다. 우리는 이와 같은 환경에도 관심을 가질 필요가 있다.

발상의 전환

이 장에서는 문화의 차이를 인식하는 것을 주제로 이야기하고 있으나 문화의 차이를 하나하나 이해하는 것은 무척 어려운 일이다. 일상적인 습관, 사물에 대한 인식, 살고 있는 환경이라는 관점에서 문화의 차이를 살펴보았지만 어느 한쪽도 간단하게 인식할 수는 없는 것들이다.

그렇다면 우리는 어떻게 하면 이와 같은 사소한 것(실제는 큰 것이지만)의 차이를 인지할 수 있을까? 이를 위해서는 앞에서도 기술한 바와 같이 주위를 잘 살피고 문화의 차이를 분별할 수 있는 능력을 갖추어야 한다. 그러려면 먼저 자신의 상식을 의심해 보거나 버리고 발상을 180도 전환시키는 시각을 가져야 한다.

이를 위해 몇 가지 퀴즈를 제시한다. 첫 번째 문제는 간단하고 갈수록 난이도가 높아진다. 먼저 다음 【퀴즈1】부터 시작해 보자. 아래에 쓰여 있는 문자를 바로 읽을 수 있는가?

【퀴즈1】

여기에 쓰여 있는 문자는 무엇일까?

　이 퀴즈는 우리의 인식에 관한 문제이다. 설명하지 않아도 바로 4글자의 영어가 떠오른 사람은 검은 부분을 전경(Figure), 흰 부분을 배경(Ground)으로 지각하고 있다는 증거이다. 흰 도형이 보이는 사람은 인식의 방법을 반대로 할 필요가 있다. 흰 부분이 아니라 검은 부분을 중심으로 생각하면 보일 것이다. 그래도 보이지 않으면 위, 아래에 흰 종이를 데면 검은 글씨가 떠오를 것이다.

　그렇다면 【퀴즈2】는 어떨까?[31] 숫자를 같은 번호로 연결하는데 사각형 바깥쪽으로 선이 나가지 않게 하고 사각형 테두리 안에서 연결해 보라.

---

[31] 하라사와(原沢, 2013) 『異文化理解入門』研究社(p.86)에서 인용.

【퀴즈2】

다음 틀 안에 사각으로 둘러싸인 숫자가 1~3까지 있다. 같은 숫자(1과 1, 2와 2, 3과 3)를 선으로 연결하시오. 단 선이 교차해서는 안 된다.

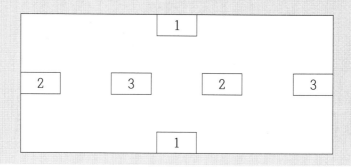

이게 과연 될까 생각하지만 실제로 가능하다. 결코 기발한 아이디어를 낼 필요도 없고 지극히 상식적인 방법으로 풀 수 있다. 하지만 이 문제를 머릿속에서만 생각하면 어렵다. 1과 1을 연결하려면 위에서 아래로 연결해야 한다. 그렇게 되면 2와 2, 3과 3의 숫자를 연결하는 것은 불가능해진다. 다음으로 2와 2, 3과 3부터 시작해서 이들을 연결해 봐도 1과 1을 위에서 아래로 연결한 이미지가 있어서 대부분의 사람들은 여기에서 막히게 되고 아무리 생각해도 답은 떠오르지 않을 것이다.

그렇다면 어떻게 하면 가능한가? 먼저 2와 2, 3과 3부터 연결하는 데 머릿속으로만 생각하지 말고 실제로 선을 그려보자. 그리고 그 연결한 선을 잘 살펴보자. 1과 1을 연결할 공간이 보이지 않는가?

이 퀴즈는 우리가 무의식적으로 가지고 있는 상식(일은 순번대로 진행한다, 선은 최단거리로 연결한다, 먼저 머릿속으로 생각한다)을

버려야 할 필요가 있다는 것을 말해준다. 특히 마지막 상식에 대해서는 '案ずるより産むがやすし(일이란 막상 해 보면 생각보다 쉬운 법이다)'라는 속담이 있듯이 실제 해 봄으로써 해결책을 발견할 수 있다.

【퀴즈3】
왼쪽에 성냥개비 3개로 이루어진 정삼각형이 있다. 3개의 성냥개비를 더해서 이것과 같은 정삼각형을 총 4개 만드시오.

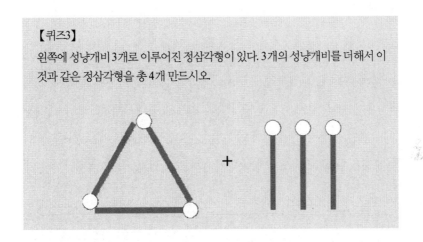

위 【퀴즈3】은 어떠한가?[32] 이 문제도 우리의 상식을 바꿀 필요가 있다는 것을 보여준다. 종이에 적힌 퀴즈는 평면이기 때문에 이것만 보아서는 답을 구할 수 없다. 즉 종이 위의 2차원의 세계가 아닌 공간을 고려한 3차원의 세계로 생각해야 한다. 그렇게 하면 답은 간단하다. 3개의 성냥개비를 세워서 삼각추를 만들면 된다.

자 드디어 마지막 문제이다. 【퀴즈4】는 어려운 문제이다. 이 답을 힌트 없이 맞히는 사람은 사고가 꽤 유연한 사람이라고 할 수 있다. 여러 각도로 촉각을 세워서 이 숫자의 배후에 있는 규칙을 밝혀내 보자.

---

[32] 하라사와(原沢, 2013) 『異文化理解入門』研究社(p.86)에서 인용.

【퀴즈4】

아래 알파벳은 어떠한 순서대로 나열되어 있다. J 다음에 오는 알파벳은 무엇인가?

J F M A M J J ___

모르는 사람에게 주는 첫 힌트는 '1년의 사이클'이다. 우리 생활은 이 사이클과 함께 진행된다. 이것으로 상당수는 정답을 찾았을 것이다. 아직 답을 모르는 사람을 위한 다음 힌트는 여기에 적힌 글자는 모두 영어 대문자이다. 영어로 1년의 사이클을 어떻게 나타내는가? 이 힌트에도 답을 모르는 사람을 위해 정답을 공개하자면 정답은 A이다.

이 문제들을 풀려면 다각적인 접근이 필요하다. 상식적으로 생각해도 좀처럼 답을 구하기가 쉽지 않기 때문이다. 또한, 이문화를 이해하려면 우리의 고정된 관념을 버릴 필요가 있다. 이것이 **발상의 전환**이다.

여기에서 언급한 문제는 우리에게 힌트를 제공해 준다. 이 퀴즈를 '풀었다, 못 풀었다'가 그대로 이문화 이해능력과 직결되는 것은 아니지만 여기에서의 포인트는 상식에 얽매이지 않는 유연한 발상이 이문화를 이해하는데 있어 얼마나 중요한가를 직접 체험하는 데에 있다.

제4장

'コンダラ(곤다라)'와
'月極駐車場(월정액 주차장)'

(이문화에 대한 인식을 생각해 보는 장)

제4장

'コンダラ(곤다라)'와 '月極駐車場(월정액 주차장)'
げつきょく

(이문화에 대한 인식을 생각해 보는 장)

【키워드】

☐ 착각(잘못된 확신)　　☐ 선입관　　☐ 고정관념

☐ 카테고리(Category)　　☐ 파일링(Filing)　☐ 스키마(Schema)

☐ 스테레오타입(Stereotype)　☐ 일반화　　☐ 차별　　　☐ 편견

　　우리는 자신들과 다른 것이나 다른 사고방식을 접하게 되면 그것을 어떻게 머릿속으로 받아들이고 이해하는 것일까? 이문화에 대한 우리의 인식에 관한 일상적인 사례부터 생각해 보자. '잘못된 확신'과 '선입관'은 '고정관념'으로 이어지고, '스테레오타입'이 되는 경우가 있다. 우리는 인식하지 못하지만 우리의 의식 안에는 여러 가지 '착각·편견'이 있다. 이와 같은 사례를 소개함과 동시에 어떠한 인지과정을 거쳐 이들 관념이 만들어지는지를 살펴본다. 또한 스테레오타입은 차별이나 편견과도 연결되기 쉽다는 점을 확인한다.

누구나 가지고 있는 '착각'

앞 장에서 상식에 얽매이지 않는 '발상의 전환'이 얼마나 중요한가를 살펴보았다. 이문화를 이해하려면 자신들이 가지고 있는 문화의 편견을 깨뜨릴 필요가 있다. 2장에서도 살펴본 바와 같이 자문화 가치관은 아이 때부터 무의식적으로 마음속에 형성되어 우리의 경험과 함께 강화된다. 그러나 이와 같은 개념은 반드시 올바른 것만은 아니다. 잘못된 확신·편견으로 당신의 마음속에 숨어있을지도 모른다.

여러분은 운동장을 정비할 때 사용되는 콘크리트 롤러를 알고 있는가? 동그란 모양을 한 무거운 롤러를 돌리면 울퉁불퉁했던 운동장이 이내 평평해진다. 이것의 정식명칭을 알고 있는 사람이 있을까? 실제로 오랜 기간 이 롤러를 '곤다라(コンダラ)'라고 착각했던 사람의 이야기를 들은 적이 있다.

이 사람이 어렸을 때 '거인의 별(巨人の星)'이라는 야구만화가 한 시대를 풍미했었다. TV에서는 매주 주제가가 흘러나왔고 초반부의 노래 가사에 '思い込んだら 試練の道を(굳게 결심하니 시련의 길을)'이라는 가사가 있다. 이 가사가 어느새 주인공인 호시 휴마(星飛雄馬)가 롤러를 끌고 있는 장면과 겹쳐 버린 것이다. 즉 '오모이곤다라(思い込んだら, 굳게 결심하니)'라는 가사가 '오모이곤다라(重いコンダラ, 무거운 곤다라)'로 이 사람의 머릿속에 입력되어 버린 것이다. 어느 날 이 롤러에 대한 이야기가 나오고 친구들에게 '곤다라'라고 하자 웃음

거리가 되어 처음으로 자신이 잘못 알고 있었다는 사실을 알게 되었다고 한다.

다른 사례가 또 있다. 차를 끌고 다니면 곳곳에 '月極駐車場(월정액 주차장)'이라는 간판이 눈에 들어온다. 어렸을 때 이 간판을 '月極(げつきょく)駐車場'라고 읽었었다. 어디를 가더라도 있어서 어떤 주차장인가 의아해 했었는데 사실은 '月極(つきぎめ)駐車場'으로 매월 일정 금액을 주차요금으로 지불하는 주차장이라는 것을 나중에서야 알게 되었다. '月決め(월정액)'이 아니라 왜 '月極め'인가에 대한 답은 옛 한자가 그대로 지금까지 사용되고 있는 예로 사전을 찾아보면 '決める'와 함께 '極める'도 등장한다.

'コンダラ'와 '月極(げつきょく)駐車場'의 예는 실수담으로 사람들에게 알려져 있다. 인터넷을 검색해 보면 '月極定礎ホールディングス' 등의 그럴싸한 회사가 장난으로 존재한다. 이 사이트에는 회사의 개요, 연혁, 조직도, 기업이념 등이 상세하게 소개되어 있어 정말 존재하는 회사처럼 보인다.

'コンダラ'도 이전에는 '일본 곤다라 제철주식회사(日本コンダラ製鉄株式会社)'가 인터넷 상에 존재하여 139,800엔에 판매되었다고 할 정도이다. 아쉽지만 현재는 이 사이트를 볼 수 없는데 어쩌면 'コンダラ' 주문 의뢰가 쇄도한 탓일지도 모르겠다.

이들 예에서와 같은 작은 착각은 우리 주위에 넘쳐난다. 'コンダラ'와 '月極駐車場'의 예는 특정 개인에 한정된 착각이지만 어느 문화에나 공통적으로 보이는 **선입관**도 있다. 나는 이 선입관 때문에 실수한 적이 있다.

루마니아에서의 실수

2010년 여름 나는 루마니아의 수도 부쿠레슈티(Bucuresti)에 있는 부쿠레슈티대학의 일본어교육 심포지엄에 참가했었다. 학회발표를 마치고 하루 자유시간이 주어져 부쿠레슈티 근교에 있는 시나이아 (Sinaia)라는 피서지를 방문하게 되었다. 일본에서 가지고 온 가이드 북을 보며 8시에 출발하는 특급열차를 탔다. 정각에 출발한 열차는 10시를 넘겨 시나이아에 도착할 예정이었다.

9시 30분을 지나면서부터 창밖의 풍경이 휴양지로 바뀌었고 10시 쯤이 되자 열차는 속도를 낮추기 시작했다. 그러더니 갑자기 열차가 멈춰 섰다. 바깥을 보아도 역으로 보이는 건물이나 역명을 표시한 간 핀도 보이지 않는데 열차 안이 시끌벅적해졌다.

그러자 열차 끝머리에서 부자지간으로 보이는 두 남자가 뛰어 내려 선로 옆을 걷고 있는 것이 아닌가! 역무원이 밖에서 승객과 무엇인가 이야기를 하고 있어 나는 문제가 발생해서 긴급정차를 했다고 생각했다. 그곳의 지리도 잘 모르기 때문에 어쨌든 역에 도착할 때까지 타고 있기로 했다.

잠시 지나자 열차는 천천히 움직이기 시작했다. 나는 눈을 크게 뜨고 차창 밖의 시나이아역을 찾았지만 좀처럼 역처럼 보이는 건물은 보이지 않았다. 그러는 사이 또 열차가 정차했다. 이번에도 역시 역명이 적힌 간판도 없고 역 같은 건물도 없는 곳에서 승객이 선로 옆으로 내리고 있는 것이었다.

어쩌면 여기가 역일지도 모른다고 생각한 나는 내리는 승객 뒤를 급히 따라갔다. 그러자 승무원이 선로 옆에서 승객의 승차권을 검수

하고 있는 것이 아닌가. 나는 영어로 여기가 시나이아역인지 묻자 승무원은 미안한 얼굴로 시나이아는 지나왔다고 했다. 어떻게 시나이아로 갈 수 있냐고 묻자 반대편에서 열차를 타고 갈 수밖에 없다고 설명하면서 정확한 시간은 역무원에게 물어보라고 하는 것이었다. 시나이아역은 앞에 정차했던 곳으로 결국 택시를 타고 다시 돌아가야 했다. 불행 중 다행으로 루마니아의 화폐 가치가 낮아 500엔 정도로 갈 수 있었다.

나의 이 실수담은 일본에서는 상식인 플랫폼이 있는 역이 루마니아에서는 상식이 아니었다는 것을 보여준다. 무의식적으로 일본의 상식을 적용해 실수를 한 것이다.

이러한 잘못된 확신은 무지에서 오는 것도 있다. 우리 집은 가급적 병원에 가지 않는다는 아버지의 방침이 있어 성인이 될 때까지 치과를 제외하고 병원에 간 적이 없었다. 41살 때 취미로 패러글라이딩을 하다 착륙 실패로 등과 다리 5군데에 골절이라는 중상을 입고 처음으로 병원에 입원했을 때의 일이다. 여러 종류의 약을 처방받았는데 먹는 약만 받은 것은 처음이라 놀랐었다. 그 중에 캡슐로 된 약이 있었는데 이 캡슐 약을 먹을 때 나는 겉에 있는 캡슐은 플라스틱이라고 생각해서 캡슐을 열고 안에 있는 가루만 먹었었다. 나중에 아내가 이 사실을 알게 되었고 크게 웃음거리가 된 적이 있다. 설마 캡슐째 먹는다고는 생각해 보지도 않았다.

대학교수는 죽었는가?

이와 같이 우리 주변에는 무수히 많은 착각·편견이 있다. 이것이 우리의 바른 판단을 방해하는 일도 적지 않은데, 이러한 사실을 정확히 인식할 필요가 있다. 예를 들어 다음의 예문을 읽고 마지막 (   ) 에 어떤 어구를 넣으면 문장 전체가 보다 자연스러워지는지 생각해 보자.[33]

> 그 소년은 올해 15세로 어느 유명한 국립대학 교수의 아들이었다. 이 날 소년은 오랜만에 아버지와 드라이브를 즐기고 있었다. 그때 갑작스럽게 불행이 두 사람을 찾아 왔다. 대형트럭이 반대편 차선을 넘어와 정면으로 부딪힌 것이다. 두 사람이 탔던 차는 크게 부서지고 소년과 아버지는 즉사한 채로 발견되었다. 소년의 어머니 는 그 비보를 (   )에서 듣고 그 장소에서 쓰러져 울었다.
>
> (1) 집   (2) 부엌   (3) 직장   (4) 대학연구실

이것을 읽고 있는 여러분은 어떤 선택을 할 것인가? 이 정답은 (4) 번이다. 유명한 국립대학 교수는 실은 소년의 어머니였던 것이다. 그 러나 굳이 이야기하자면 이 문제의 답은 없다. 어떤 답이라도 정답이 되기 때문이다. 다만 당신이 어떤 선택을 했는가에 따라 당신이 가지 고 있는 생각을 알 수 있다.

내가 이 문제를 수업시간에 풀어보았더니 대다수의 학생들이 (1)~(3) 번의 답을 선택했다. 이 답들을 선택한 사람들은 무의식적으로 '대학교 수=남성'이라는 편견을 가지고 있을 가능성이 크다고 할 수 있다. (4)를 선택한 사람은 대학교수가 어머니라고 생각한 사람이다. 대학교수의 성별에 대한 편견이 없는 사람이라면 어떤 답을 고를 것인가 고민했을 것이다. 어느 것도 가능성이 있고 자연스러운 표현이 되기 때문이다.

---

[33] 하라사와(原沢, 2013)『異文化理解入門』研究社(p.94)에서 인용.

실제로 여성 대학교수가 많음에도 매스컴에 등장하는 남성교수의 이미지 때문에 무의식적으로 '대학교수=남성'이라는 편견이 만들어진다. 운동장의 롤러를 '곤다라'라고 착각하거나 알약의 캡슐이 플라스틱이라고 생각할 정도라면 웃고 넘길 수 있지만 심각한 사태를 불러일으키는 경우도 있다.

2012년 11월 누명으로 확정판결을 받은 '도쿄전력 OL살인사건[34]'(1997년)에서는 피의자가 개발도상국(네팔) 외국인이었다는 것이 '이 사람이 범인 같아, 아니 틀림없이 범인이야'라는 편견을 낳았을 가능성이 있다는 지적을 받았었다.

또한 2008년 9월 후쿠오카(福岡)에서 일어난 초등학교 1학년 남자아이 살인사건에서는 어느 시민기자의 '엄마가 범인일 리 없다'라는 편견이 다른 상황 판단을 방해하고 바른 판단을 할 수 없게 되었음을 말해주고 있다.[35]

이들 예에서는 수사를 하는 쪽이 가지는 편견의 위험성을 부각시키고 있으나 이와는 반대로 범인이 잘못된 확신으로 살인을 저지르는 케이스도 많이 있다. 인터넷에서 '착각, 살인사건'으로 검색하면 수많은 정보가 쏟아진다. 이런 것을 보면 편견 때문에 생긴 선입관이 중요한 사건과 깊게 연결되어 있다는 사실을 알 수 있다.

---

[34] [역주] 도쿄전력의 간부 직원이었던 여성이 자택에서 살해된 미해결사건으로 네팔인 피의자가 범인으로 지목되어 유죄판결을 받았으나 이후에 누명으로 밝혀졌다.

[35] [역주] 후쿠오카 시내의 공원 화장실에서 초등학교 1학년인 남자아이가 목이 졸려 살해된 사건이다. 어머니의 실종신고로 30분 만에 아이를 발견하였는데 이후 아이의 어머니가 범인으로 밝혀졌다. 아이의 어머니는 병약한 상태로 가벼운 발달장애를 가지고 있는 아들의 장래를 비관하여 교살했다고 한다.

영토 문제에 숨어 있는 것들

우리 주변에는 여러 가지 편견이나 선입관이 있다. 이와 같은 편견은 개인의 한정된 경험에서 만들어지는 경우가 많고 반드시 올바른 정보만 있는 것은 아니다. 따라서 올바른 사실을 알게 되면 편견이나 선입관 같은 사고를 고쳐나가게 된다.

그러나 그중에는 이런 편견을 자신의 신념으로 삼고 바꾸지 않으려는 사람들이 있다. 이와 같은 사람들이 가진 강한 사고를 **고정관념**이라고 부른다. 일반적으로 고정관념은 편견을 의미하는 것으로 사용되는 경우가 많지만 실제로는 누구에게 어떠한 이야기를 들어도 고치려고 하지 않는 고정된 사고방식을 의미한다. 『오체 불만족』으로 유명한 오토타케 히로타다(乙武洋匡) 씨가 장애인들의 자립에 관해 이야기하고 있는 것을 TV에서 본 적이 있다. 오토타케 씨는 장애인은 도와주어야 한다는 고정관념이 있지만 실제로는 장애인이 도와주는 경우도 있다는 내용을 강조하고 있다. 실제로 장애인들은 일방적으로 도움을 받는 존재가 아니라 사회에 공헌하고 있는 사람도 많이 있다.

여기에서 오토타케 씨가 사용한 고정관념이라는 표현은 앞서 설명했던 것과 같이 편견이라는 의미로 사용되는 예이다. 오토타케 씨의 이야기를 듣고서 장애인은 반드시 도움을 받기만 하는 존재가 아니라는 것을 깨닫게 된다면 '장애인=도움을 필요로 하는 존재'라는 편견을 가지고 있었다는 것이 된다. 그러나 오토타케 씨가 뭐라고 이야기하든 장애인은 보통 사람보다 열등하고 사회적 약자에 속한다고 생각하는 사람은 이와 같은 고정관념을 가지고 있다는 것이다.

고정관념의 알기 쉬운 예가 영토 문제와 관련된 해당 국민의 감정일 것이다. 누가 뭐라고 하더라도 양 국민들 간의 다툼이 있는 영토는 자신들의 것이라는 신념은 변하지 않는다. 일본의 대학에서 국제 정치를 가르치고 있으며 어느 TV프로그램에 출연한 한국인 학자는 한일 양국 간 다툼이 있는 독도 문제에 대해 양쪽의 입장이 모두 옳다는 견해를 밝혔다. 즉 양쪽 모두 실제의 역사적 사실을 근거로 영유권을 주장하는 것이며 이러한 의미에서는 양쪽 모두 옳다고 할 수 있다.

양쪽 모두 자신들의 영토라는 고정관념을 가지고 있는 상태에서는 분쟁 해결이 매우 어렵다. 하지만 앞선 한국의 정치학자와 같이 양쪽 모두 역사적 사실을 인정하고 양쪽의 인식에 기반을 둔 사고를 서로 공유할 수 있다면 거기에서 해결책을 찾을 가능성이 있다. 상대편은 틀리고 자신만 바르다는 주장을 계속하는 한 영토 문제의 해결은 불가능할 것이다.

숫자는 말한다

우리는 일상생활에서 다양한 정보를 얻고 그것을 머릿속에서 정리한다. 지금까지 살펴본 편견이나 선입관, 고정관념도 이와 같은 정보에 기초하여 형성된다. 그러나 현재와 같이 정보가 넘쳐나는 세상에 살고 있는 우리가 모든 정보를 기억하는 것은 불가능하다. 그래서 그 많은 정보 중 필요한 것만을 취사선택해서 머릿속에 기억하는 작업을 하게 된다.

여기서 독자들의 기억력을 체크해 보자. 아래에 있는 숫자를 30초

동안 가능한 한 기억한 다음 그 숫자를 종이에 적어보자. 여러분은 몇 개 정도 쓸 수 있는가?[36]

7	53	11	37	3	61
47	17	43	59	29	31
13	2	19	41	23	5

전부 18개 숫자 중 9개 이상 쓴 사람은 기억력이 꽤 좋은 사람이다. 반 정도까지는 아니더라도 걱정할 필요가 전혀 없다. 암기력의 좋고 나쁨을 측정하는 것이 아니기 때문이다. 이와 같은 숫자를 무작위로 외우는 것은 매우 힘든 일이다.

그러나 나는 이 숫자들을 간단하게 써낼 수 있다. 특별히 암기하고 있는 것이 아니지만 내 머릿속에 저장되어 있기 때문이다. 그렇다면 어떻게 저장되어 있는 것일까? 방법은 **카테고리** 안에 넣어 두는 것뿐이다. 독자들 중에는 이 숫자들이 속하는 카테고리를 바로 이해한 사람들이 있을 것이다. 바로 숫자에 흥미가 있는 사람들이다. 숫자를 다시 한 번 살펴보면 이 18개의 숫자에 공통되는 특징이 있다. 그것이 이 숫자들이 속하는 카테고리가 되는 것이다.

여기에 있는 숫자는 모두 소수(素数, 1과 자기 자신 외의 자연수로는 정확히 떨어지게 나눌 수 없는 자연수)이다. 숫자를 다시 한 번 보라. 해당 숫자 이외로는 나눠지지 않는 숫자들이다. 이 법칙을 머리에 넣어두면 18개 소수는 바로 적어낼 수 있다. 아래에 있는 표는 앞에서의 숫자를 작은 수부터 차례로 나열한 것이다.

---

[36] 하라사와(原沢, 2013) 『異文化理解入門』研究社(p.95)에서 인용.

2	3	5	7	11	13
17	19	23	29	31	97
41	43	47	53	59	61

즉 무작위로 정보를 외우는 것은 어렵지만 어느 카테고리에 속하는 것인지 이해한다면 이런 정보들을 간단히 관리할 수 있다. 우리 주변에 넘치는 방대한 숫자 정보를 모두 외우는 것은 불가능하다. 이들 중 필요하다고 생각되는 정보를 추리고 그것을 항목별로 머릿속에 정리하는 것이다. 이것을 **파일링(Filing)**이라고 부른다. 이 같은 파일링 과정을 인지심리학에서는 범주화(카테고리화)라고 부른다. 우리는 무의식적으로 이러한 인지작업을 머릿속에서 하고 있고 정보를 정리하고 있는 것이다.

이러한 작업은 앞서 살펴본 숫자만이 아니라 매일매일 교류하는 사람들에게도 대응시킬 수 있다. 지금까지 만난 사람들을 그룹별로 머릿속에 기억하는 것이다. 학생이나 사회인이라는 큰 카테고리도 있고 학생이라면 대학명, 사회인이라면 회사명 등의 작은 카테고리도 있다. 외국인이라면 일본인, 미국인, 중국인 등으로 국적에 따라서 범주화 시킬 수 있을 것이다. 개개인을 따로따로 외우는 것보다 이와 같이 범주화하는 것이 효율적으로 인물의 정보를 정리할 수 있다.

범주화된 지식구조를 인지심리학에서는 **스키마(Schema)**라고 부른다. 범주화함으로써 그룹 내의 공통적인 특징이 강화되고 개략적인 지식구조로 우리 머릿속에 보존되어 있는 것이다. 범주화에 의한 스키마의 구축은 인간이 가진 본질적이고 지적인 두뇌활동이라 할 수 있다.

흑인은 음악을 잘한다?

이와 같은 범주화된 것이 모두 같은 특성을 가진다고 믿는 사고방식을 **스테레오타입(Stereotype)**이라고 한다. 주로 인간집단(특정 학교, 회사, 종교 등에 소속되어 있는 사람들)이나 사회적 카테고리(성별, 직업, 국적에 따라 구별되는 사람)에 대해 강한 편견을 가지고 있다는 의미로 사용된다. 스테레오타입은 스키마와 닮았지만 스키마가 범주화 된 모든 것의 공통적인 특징만을 추출한 것임에 반해 스테레오타입은 어느 특정인의 특징을 그룹 내의 모든 인간에게 적용하려고 하는 사고방식을 의미한다.

예를 들어 미국인은 스키마라는 개념에서는 '미국 국적을 가지고 있는 모든 사람'이라고 규정할 수 있지만 스테레오타입에서는 '밝고 활동적이고 자기주장이 강한 사람'이라고 할 수 있다. 스키마는 미국인을 규정하는 본질적인 지식구조임에 반해 스테레오타입은 반드시 미국인 전원에게 해당하는 것은 아니다. 미국인 중에서도 조용하고 소극적이고 자기주장이 강하지 않은 사람도 있기 때문이다.

이와 같은 스테레오타입에는 개인적인 경험에 기초하여 형성된 경우와 사회적인 이미지로 공유된 경우가 있다. 다음의 이야기는 하야사카 타카시(早坂隆)(2006년)의 『세계의 일본인 조크 모음집』에서 인용한 것이다. 사회적인 스테레오타입에 의해 만들어졌다고 할 수 있다.

배가 가라앉자 선장이 승객들에게 신속히 바다로 뛰어들라고 지시할 때 가장 효과적인 말은 나라마다 다르다.

미국인	⇒	뛰어 들면 당신은 영웅이 됩니다.
영국인	⇒	뛰어들면 당신은 신사입니다.
독일인	⇒	뛰어 드는 것이 이 배의 운영규칙입니다.
이탈리아인	⇒	뛰어들면 여자들에게 인기가 있습니다.
프랑스인	⇒	뛰어들지 말아주세요!
일본인	⇒	모두 뛰어들고 있습니다.

이 이야기를 읽고 재미있다고 느끼는 사람은 이들 나라 사람들의 스테레오타입을 공유하고 있는 것이다. 스테레오타입은 복잡한 집합체를 단순화하기 때문에 기억하기 쉬운 장점이 있는 반면 어떤 사실의 한쪽 면만을 받아들여 거기에 속하는 개인을 바르게 인식할 수 없다는 단점이 있다. 따라서 스테레오타입은 거기에 소속된 모든 사람들에게는 해당하지 않는다는 것을 인식할 필요가 있다.

나는 바다가 없는 야마나시현에서 자란 탓인지 날생선 같은 것을 잘 먹지 못한다. 생선초밥이나 회 정도는 먹을 수 있지만 조금 생소한 것이나 고급 식재료는 지금도 그다지 즐기지 않는다. 바다가 있는 시즈오카현에 살게 되고서는 '바다 근처에 사는 사람들은 모두 해산물을 좋아한다'라고 하는 스테레오타입을 가지게 되었다. 굴이나 소라, 전복을 날것으로 먹거나 개인에 따라서는 내장까지 먹는 사람도 있다.

그런데 바닷가에서 자라 어릴 때부터 바다에서 놀고 잠수로 소라나 전복 같은 해산물을 잡곤 했던 장인어른은 정작 해산물을 거의 드시지 않는다. 이 사실을 알고부터는 바다 근처에서 자랐던 사람이라 하더라도 모든 사람이 해산물을 좋아하는 것은 아니라는 것을 알게 되었다.

내 수업을 듣는 사회인 K씨가 재미있는 이야기를 소개해 주었다. K씨의 아프리카계 영국인 친구로 로버트라는 사람이 있었는데 어느 날 이 친구 집에서 음악 이야기를 하게 되었다고 한다. 흑인이라고 하면 재즈나 블루스, 가스펠, 소울, R&B, 힙합을 만들어낸 블랙뮤직의 주역이고 '흑인=음악'이라는 이미지가 있다. K씨도 그의 집 한쪽에 놓여 있는 베이스기타를 보고선 이 친구에게 어떤 음악을 하는지 물어보았다고 한다.

그러자 로버트 씨의 대답은 의외였다. 그는 "내가 흑인이어서 리듬감이 있다고 생각했었는데…."라고 말문을 열더니 "베이스기타도 분명히 잘 칠 수 있을 거라 생각해서 샀는데 막상 해 보니 전혀 생각대로 되질 않아. 그래서 지금은 그만뒀어."라고 말하는 것이었다.

'흑인이니까 악기를 잘 다룰 것'이라는 스테레오타입을 흑인인 자신에게도 적용했던 것이지만 실제는 그렇지 않았다. 조금 슬프지만 웃을 수밖에 없는 이야기이다. 이만큼 스테레오타입은 무의식적으로 우리 마음속에 숨어 있다.

이와 같은 '흑인=음악을 잘한다'라는 사회적인 스테레오타입은 이외에도 많이 있다. 예를 들어 '한국인은 김치가 없으면 살 수 없다'라든가 '독일인은 맥주와 소시지를 좋아한다', '불가리아 사람은 요구르트를 자주 먹는다', 혹은 일본 내에서도 '규슈 사람은 술이 세다', '홋카이도 사람은 스키를 잘 탄다' 등의 스테레오타입이 이에 속한다.

유학생 반에서 김치를 먹지 않는 한국인이 있는가 물어보면 때때로 손을 드는 사람이 있다. 독일인 중에서도 맥주를 마시지 않는 사람이나 소시지를 싫어하는 사람도 있다. 불가리아인이라고 해서 다른 나라 사람들과 비교해서 특별히 요구르트를 좋아하는 것은 아니라고 한다. 술을 잘 못 마시는 규슈 남자나 홋카이도 출신인데 스키를 탄 적이 없는 사람도 있다.

그렇다면 우리는 이와 같은 스테레오타입에 어떻게 대처하면 좋을까? 스테레오타입은 100% 틀린 것이 아니지만 과도한 스테레오타입을 피하고 그것이 전부가 아니라는 사고를 할 필요가 있다.

이와 같은 사고방식을 **일반화(Generalizations)**라고 부른다. '일본인은 성실하고 열심히 일한다'라는 것은 스테레오타입이지만 '일본인은 성실하고 열심히 일하지만 그렇지 않은 사람도 있다'라고 생각하는 것이 일반화이다. 매일 이문화와 접하는 가운데 이와 같은 스테레오타입은 무의식적으로 형성된다. 우리는 자신의 생각이 스테레오타입은 아닌지 끊임없이 자성하면서 상황을 판단해야 한다.

로널드 레이건 대통령과 나카소네 야스히로 총리의 미·일 관계

스테레오타입과 고정관념은 유사하다. 고정관념은 그룹화에 관계없이 어떤 강한 신념에 기반을 두는데 비해 스테레오타입은 어떤 이미지를 그룹 전원에 대응시켜 생각하려고 하는 특징이 있다. 따라서 부정적인 스테레오타입이 만들어지면 그 그룹 전원에 대한 **차별**과 **편견** 의식으로 이어질 가능성이 있는 것이다.

중국이나 한국에서는 일본군의 냉혹하고 무자비한 이미지를 현재의 일본인에게 그대로 투영시켜 일본인을 극심히 혐오하는 사람들이 있다. 일본에서도 센카쿠열도나 독도 문제가 일어날 때마다 두 나라의 과격한 저항을 TV에서 보고 중국인이나 한국인에 대해 부정적인 이미지를 쌓아가기도 한다. 민간 차원의 교류에서는 결코 일어나지 않는 편견 의식이 국가와 국가와의 관계 악화에 의해 증폭되어가는 것이다.

일찍이 미국 레이건 대통령과 나카소네 야스히로(中曾根康弘) 총리의 론·야스 관계(로널드 레이건 전 대통령과 야스히로 전 총리의 앞 글자를 따서 부르는 말)나 부시 대통령(아들 부시)과 고이즈미(小泉) 총리 때 미일관계가 좋았던 것처럼 국가를 대표하는 사람들 간의 신뢰관계는 그대로 국민들 간의 관계에까지 영향을 미친다. 이러한 의미에서 국가를 대표하는 정치인들에게는 이문화 커뮤니케이션 능력뿐만 아니라 각국의 수상들과 좋은 관계를 구축할 수 있는 능력이 매우 중요하다.

스테레오타입의 형성은 사회적 소수자에 대해 부정적인 평가를 내리며 생기는 경우가 많다. 이것이 차별이라는 형태로 사회에 존재하게 되는 것이다. 예를 들어 제2차 세계대전 전후로 재일조선인이나 재일중국인 등의 외국 국적의 주민이나 아이누인[37] 등에 대해 이유 없는 차별이 있었다고 전해진다. 현재에도 신체 장애인이나 지적 장애인, 에이즈, 혈우병 환자, 동성애자나 성동일성 장애를 가지고 있는 사람 등 사회적 소수자들에 대한 뿌리 깊은 편견이 존재함을 부정할 수 없다. 이런 편견들은 대부분 부정확한 정보나 이에 근거한 선입견으로 만들어진 스테레오타입에 기인한다고 할 수 있을 것이다.

진주만 공습 때 부모를 잃은 한 미국 여성은 사건 이후 일본인에 대해 증오감을 가지게 되었다고 한다. 그런데 친구의 간곡한 부탁으로

---

[37] [역주] 일본의 홋카이도(北海道), 사할린 및 쿠릴 열도에 살고 있는 소수 민족.

홈스테이에서 일본인을 만난 것을 계기로 그 일본인과의 교류를 통해 일본인에 대한 응어리가 풀렸다는 이야기를 책에서 본 적이 있다.

나도 어릴 때 어머니에게 소련(소비에트 연방, 지금의 러시아)은 약속을 파기하고 선전포고를 하여 시베리아를 침공하고 북방 영토도 점령했다는 이야기를 자주 들었었다. 시베리아에 억류된 일본인들이 많은 어려움을 겪고 있다고 들을 때마다 러시아인들은 참으로 너무한 사람들이라고 생각했었다. 어릴 때부터 반복해서 들은 부모님의 이런 말들이 머릿속에 박혀 편견과 스테레오타입이 형성되어 간 것이다.

이처럼 우리 주변에는 스테레오타입의 함정이 주변 곳곳에 널려 있다. 이문화를 이해하려면 이런 스테레오타입의 속박에서 벗어나야 한다. 그렇기 때문에 우리가 인지하는 메커니즘을 잘 이해하고 한쪽으로 기울어져 판단하지 않도록 끊임없이 주의할 필요가 있다. 스테레오타입이 아닌 일반화라는 시각이 자연스럽게 이루어질 수 있도록 평소에도 주의하는 것이 중요하다.

제5장

동일본 대지진과 일본인

(세계의 가치관을 이해하는 장)

동일본 대지진과 일본인

(세계의 가치관을 이해하는 장)

【키워드】

- ☐ 개인주의
- ☐ 집단주의
- ☐ 저문맥문화
- ☐ 고문맥문화
- ☐ 복합 시간(Polychronic Time) (P타임)
- ☐ 단일 시간(Monochronic Time) (M타임)
- ☐ 성선설
- ☐ 성악설
- ☐ 슬로라이프(Slow life)

이문화 커뮤니케이션의 세계에서는 전 세계에 넘쳐나는 서로 다른 가치관을 2항 대입으로 설명한다. 이 가치 기준은 어느 쪽이 옳은지 그른지를 판단할 수는 없다. 어느 쪽도 바른 사고방식이기 때문이다. 일상생활에 관한 간단한 질문에 대한 답으로 자기 자신의 가치 기준을 생각해 보자. 당신은 어떤 가치관을 가지고 있는가? 또한 일본인에게도 여러 다른 가치관이 있다는 것을 확인한다. 다른 나라와 일본의 가치관을 비교하며 일본인의 사고방식의 특징을 찾아보자.

아내와 어머니, 어느 쪽을 선택할 것인가?

지금까지 이 책을 읽어온 독자들은 자신 이외의 사람이 이문화이고, 어떻게 이문화를 접하며 이문화를 온전히 느낄 수 있는지에 대해 기본적인 메커니즘을 이해할 수 있을 것이다. 우리의 사고방식은 태어난 장소, 가정, 연대(年代), 성별, 자연환경, 국가 등의 여러 가지 요인에 따라 결정된다.

기본적으로는 개개인이 각자 다르지만 국가라는 전체 문화의 관점에서 생각해 보면 이 같은 문화에 공통적인 특징이 존재하는 것도 사실이다. 예를 들어 일반적으로 일본인은 근면성실하다고 말하는 사람이 많은 것이 그 예이다.

이문화 커뮤니케이션의 세계에서는 세상에 존재하는 다양한 가치관을 몇 개의 기본적인 지향으로 나누어서 설명한다. 예를 들어 클럭혼(Kluckhohn, F. R)과 스트로트벡(Strodtbeck, F. L.)이라는 미국 문화인류학자는 가치관의 차이에 대해 다음 5가지 기본적 가치지향을 제시하고 있다.[38]

  (1) 인간성 지향
    - 인간의 본질이라는 것은 무엇인가?

---

[38] 야시로 쿄코 외(八代京子ほか, 2009)『異文化トレーニング[改正判]ーボーダレス社会を生きる』三修社(p.172)에서 인용.

(2) 인간 대 자연 지향

　- 인간과 자연과의 관계는 어떻게 해야 하는가?

(3) 시간 지향

　- 인간의 시간에 대한 지향은 무엇인가?

(4) 활동 지향

　- 인간의 활동에 대한 지향은 무엇인가?

(5) 관계 지향

　- 사람들 간의 관계는 어떻게 해야 하는가?

이 중에서 우리와 관계가 깊은 4개를 선택해서 독자들의 가치관과 비교하며 생각해 보기로 한다. 그 전에 가치관의 차이에 대해 미국의 이문화 커뮤니케이션 연구자인 브래드포드의 재미있는 일화를 소개한다.[39]

　"당신은 침몰하고 있는 배 안에 있다. 구명보트는 단 한 대뿐이다. 당신은 그 보트에 타지만 한 사람만 더 태울 수 있다고 한다. 자칫하면 당신들은 모두 죽게 된다. 데려갈 수 있는 사람은 당신의 어머니, 부인 둘 중 한 명뿐이다."

　이 문제를 내자 영국인과 사우디아라비아인은 간단하다는 듯 바로 대답을 했다. 사우디아라비아인의 대답은 "물론 어머니입니다."였다. 이 의견에 영국인이 다른 대답을 내며 "부인을 구해야 합니다. 왜냐하면 아무리 어머니를 사랑한다고 하더라도 어머니는 이미 인생의 반 이상을 사셨기 때문입니다. 앞으로 미래를 함께 살아야 하는 부인을 구하는 것이 당연합니다."라고 이야기했다. 그러자 사우디아라비아인이 강한 어조로 이야기했다. "어머니는 세상에 한 명뿐입니다. 그러나 부인은 언제든지 새롭게 맞이할 수 있습니다."

---

[39] Bradford 'J' Hall(2002)"Among Cultures: The Change of Communication"(p.13)에 소개되어 있는 일화를 기초로 한 하라사와(原沢, 2013)『異文化理解入門』研究社(p.118)에 게재된 내용에서 인용.

이 익살스러운 이야기는 본질적인 가치관의 차이를 잘 나타내고 있다. 부인을 몇 명이나 가질 수 있는 사우디아라비아인에게는 부인보다도 어머니를 선택하는 것이 당연한 것이다. 이에 반해 부인을 선택한 영국인의 대답도 수긍이 간다. 양쪽의 선택이 모두 타당한 것이기 때문에 어느 쪽이 옳은지 알아보는 것은 더 이상 의미가 없는 것이다.

일본인의 집단주의

행동의 규범을 개인의 이익에 둘 것인가 전체의 이익에 둘 것인가의 가치 기준에 따라 우리의 행동패턴은 **개인주의**와 **집단주의**로 나뉜다. 최근에는 그다지 들어본 적이 없지만 일본인이라 하면 즉각적으로 집단주의라고 이야기하던 시절이 있었다. 1970년대부터 80년대를 샐러리맨으로 살아온 사람들은 전형적인 회사형 인간이었을 것이다.

일본의 버블 붕괴[40] 이후 다양한 가치관이 혼재하는 시대가 되고 현재는 일보다도 가정이나 자기 자신의 취미를 중시하는 서양식 사고방식을 가진 젊은 사람들도 늘어나고 있다. 육아를 위해 휴가를 내는 남성이나 이쿠맨(イクメン, 육아를 적극적으로 담당하는 남성)이라는 말이 생긴 것이 그 증거이다. 그렇다고 해서 서양과 같은 개인주의가 완벽히 확립한 것은 아니라고 할 수 있을 것이다.

여러분은 어느 가치관에 보다 가까운가? 아래 질문에 답을 하고 점수를 내보자. 다만 여기에서 나온 가치관은 단지 참고로만 하고 이

---

[40] [역주] 1990년대에 들어 일본의 부동산 가치와 주가가 급격히 붕괴하며 경기가 후퇴했던 일을 이르는 말. 버블 붕괴로 잃어버린 20년이라 불리는 저성장기로 접어든다.

것으로 여러분의 가치관이 결정되는 것은 아니라는 점에 유의할 필요가 있다.[41]

<표 1> 개인주의와 집단주의

A	1	내가 소속된 그룹의 결정에 따르는 것이 좋다.
	5	개인적으로는 반대임에도 그룹이 결정한 것이기 때문에 그룹의 결정을 따르지 않는다.
	3	어느 한쪽이라고 말할 수 없다.
B	1	자신이 소속된 그룹이 바뀐다면 나의 생각도 영향을 받을 것이다.
	5	어느 그룹에 소속하든 나의 생각은 바뀌지 않는다.
	3	어느 한쪽이라고 말할 수 없다.
C	1	근무시간이 끝나도 다른 동료가 일하고 있으면 퇴근하지 않는 편이 좋다.
	5	근무시간이 끝나면 언제라도 퇴근해도 좋다.
	3	어느 한쪽이라고 말할 수 없다.
D	1	그룹을 위해 최선을 다하는 것이 결국 개개인을 지키는 일이다.
	5	개인의 권리를 지키는 것이 그 그룹이 강해지는 길이다.
	3	어느 한쪽이라고 말할 수 없다.
E	1	눈에 띄는 것은 피하는 것이 좋다.
	5	다른 사람과 다른 것이 좋은 것이다.
	3	어느 한쪽이라고 말할 수 없다.
합계		5 ▬▬▬▬▬▬ 15 ─────── 25 　　　집단주의　　　　　　　　　개인주의

*일본인들에게 흔히 보이는 가치 기준을 음영으로 표시하였음.

---

[41] 이 장의 가치관의 질문에 대해서는 Bradford 'J' Hall(2002)"Among Cultures: The Change of Communication" 중에서 "WORLDVIEW"(pp.29-59)의 질문을 참고로 저자가 작성하였고, 하라사와(原沢, 2013) 『異文化理解入門』研究社 (pp.119-123)에 게재된 내용에서 인용함.

개인주의와 집단주의를 나누는 분기점은 15점이다. 15점 이상이면 개인주의적이고, 15점 이하이면 집단주의적인 가치 기준을 가지고 있다고 할 수 있다.

　개인주의와 집단주의에 관한 국적별 조사 결과는 다음과 같다.[42] 이 표에서는 점수가 높으면 높을수록 개인주의에 가깝게 되고 낮으면 집단주의가 된다.

〈표 2〉 개인주의에 관한 국적별 순위

1. 미국	91	13. 남아프리카	65	25. 멕시코	30
2. 호주	90	14. 핀란드	63	26. 포르투갈	27
3. 영국	89	15. 오스트리아	55	27. 홍콩	25
4. 캐나다	80	16. 이스라엘	54	28. 칠레	23
5. 네덜란드	80	17. 스페인	51	29. 태국	20
6. 뉴질랜드	79	18. 인도	48	30. 대만	17
7. 이탈리아	76	19. 아르헨티나	46	31. 페루	16
8. 덴마크	74	20. 일본	46	32. 파키스탄	14
9. 스웨덴	71	21. 이란	41	33. 콜롬비아	13
10. 프랑스	71	22. 브라질	38	34. 베네수엘라	12
11. 스위스	68	23. 그리스	35		
12. 독일	67	24. 필리핀	32		

* Bradford 'J' Hall(2002), "Change of Cultere – The Change of Communication"에서 인용

　서양에서 실시한 이 조사에 따르면 일본은 개인주의 지표에서 세계

---

42 Bradford 'J' Hall(2002), "Among Cultures: The Change of Communication" 중에서 "TABLE 2-1 Scores by Country on the Individualism Scale"(p.33)에서 인용함.

기준의 중간쯤에 위치해 있다. 일반적인 이미지인 '일본인=집단주의'가 아닌 사실에 놀라게 된다. 개인주의가 높은 나라들을 보면 서양의 앵글로색슨계 국민임을 알 수 있다.

내가 1980년대 호주 유학을 하고 있을 때의 일이다. 대학 기숙사 사무실에서 일하는 직원이 퇴근시간인 5시가 되어 사무실을 정리하고 있을 때 전화벨이 울렸다. 그러나 그 직원은 전화벨이 울리는 중에도 침착하게 정리를 마치고 전화를 받지 않은 채로 퇴근해 버렸다.

나는 이것을 보고 호주 사람들은 참으로 사무적이라고 느꼈다. 그러나 현재 일본에서도 근무시간이 지나면 전화를 받지 않는다. 부재중 전화로 영업시간이 끝난 것을 알리는 메시지만 흘러나온다. 그런 의미에서 일본도 꽤 건조한 사회가 되었다고 느낀다.

지금까지 몇 차례 언급했지만 중국이나 한국에서 온 유학생이 한결같이 이야기하는 것이 일본인과는 좀처럼 친구가 되기 어렵다는 것이다. 다만 이것은 친구라는 그룹의 개념이 상당히 다르기 때문에 나타나는 현상이라고 생각한다. 그들은 일본인 이상으로 깊은 인간관계를 바라고 있기 때문이다.

일본인들 사이에서와 같이 상대를 배려하는 관계는 그들에게서는 친구가 아니다. 한국인이나 중국인들에게 있어서의 친구는 아무런 배려가 없는 형제 같은 존재를 이야기한다. 그런데 일본인들은 아무리 사이가 좋아져도 상대를 배려한다. 때문에 친구가 될 수 없다고 느끼는 것도 어쩔 수 없는 일인지도 모른다.

일본인은 사적 영역에서는 꽤 개인주의에 가깝지만 집단 안에서 그 일원으로 단결한다는 특징은 여전히 강하다고 생각된다. 동일본 대지진 사건에서 보여준 피해 지역 주민들의 강한 단결심이 그 대표적인 예이다. 그룹 내에서 서로 도와주는 미덕이 아직 일본에 남아 있다는 것을 동일본 대지진을 통해 분명히 확인할 수 있었다. 현재 일본인의 모습은 서양의 영향을 받아 개인주의적인 측면이 강하다고 하지만 그룹에 대한 귀속의식은 여전히 강해서 본질적인 부분에 있어 서는 집단주의라고 말할 수 있을 것이다.

'사랑한다'라는 말을 하지 않으면 사랑하지 않는 것인가?

커뮤니케이션에서 언어에 따른 의사전달을 중시하는 문화를 **저문 맥문화(Low-Context Culture)**라 하고 언어 이외의 요소를 중시하는 문화를 **고문맥문화(High-Context Culture)**라고 한다. 전자는 말로 모든 것을 나타내는 문화를 말하고, 후자는 말에 의존하지 않고 기분을 전달하고자 하는 문화를 말한다. 일본은 전형적인 고문맥문화에 속한다고 하는데 여러분의 생각은 어떠한가? 다음의 질문표를 보고 대답해 보자.

〈표 3〉 저문맥문화와 고문맥문화

A	1	친구의 권유를 거절할 때는 완곡한 표현으로 거절한다.
	5	친구의 권유를 거절할 때는 NO라고 확실하게 거절한다.
	3	어느 한쪽이라고 말할 수 없다.
B	1	이직하기 전에 그 회사에 급여 명세를 묻지 않는 것이 좋다.
	5	이직하기 전에 자신의 급료를 물어보는 것은 당연한 일이다.
	3	어느 한쪽이라고 말할 수 없다.

	1	'사랑해'라고 말하지 않아도 나는 당신을 사랑하고 있다.
C	5	'사랑해'라고 말해주지 않으면 당신은 나를 사랑하지 않는 것이다.
	3	어느 한쪽이라고 말할 수 없다.
	1	새로운 직장에서 어떤 일을 하는지는 일하면서 배워나간다.
D	5	새로운 직장에서 어떤 일을 하는지는 사전에 가급적 상세히 알려주었으면 한다.
	3	어느 한쪽이라고 말할 수 없다.
	1	자신의 의견이 있어도 말하지 않고 있을 때가 종종 있다.
E	5	생각하고 있는 것은 확실하게 말해야 직성이 풀린다.
	3	어느 한쪽이라고 말할 수 없다.
합계	5 ━━━━━━━━━━━ 15 ─────────── 25 고문맥문화　　　　　　　　저문맥문화	

점수가 낮으면 낮을수록 전형적인 고문맥인간이라고 할 수 있다. 섬나라인 일본은 제2차 세계대전 이후 미국의 통치를 제외하면 다른 나라의 침략을 받은 적이 없어서 오랜 기간 단일 국가를 형성할 수 있었다. 그 결과 말하지 않아도 의미가 통하는 이심전심과 같은 커뮤니케이션 스타일이 발달했다고 할 수 있다.

하지만 미국이나 브라질과 같이 다른 배경의 이민자들이 세운 나라에서는 언어가 커뮤니케이션의 유일한 수단으로 활용되어 왔다는 역사가 있다. 일본에 막 도착한 외국인이 당황하는 것이 일본인의 이심전심 커뮤니케이션 스타일이다. 2장에서 살펴보았듯이 일본인에게 주말에 노래방을 가자고 권유하면 "음~ 토요일은 조금…."이라는 답을 듣게 되고 이것이 가는 것인지 가지 않는다는 것인지 몰라서 곤란하다고 말하는 외국인이 많이 있다.

영어로 대답한다면 "Yes, I will."이나 "No, I won't." 등으로 반드시 긍정부정을 분명히 표현한다. 예를 들어 미국인 남성이 일본인 여성에게 데이트를 제안할 때 "Can you go out with me?(나와 같이 데이트하지 않을래?)"라고 물어보면 일본인 여성은 가고 싶지 않더라도 "No"라는 표현을 사용하지 않아서 "Well, I don't know.(음, 잘 모르겠어)"나 "Let's me see.(잠깐 생각해 볼게)", "I'm not sure.(갈 수 있을지 모르겠네)"와 같은 표현으로 가고 싶지 않은 느낌을 상대방에게 전달한다. 그러나 이 말을 들은 미국인은 고민에 빠지게 된다.

내가 알고 있는 대학 교원이 어느 지방의 전문대학에서 가나가와(神奈川)현에 있는 명문 사립대학으로 옮겼을 때의 일이다. 대학을 옮기고 첫 월급날이 되어서야 처음으로 자신의 월급을 확인하고 깜짝 놀랐다고 한다. 이전 전문대학보다도 낮았던 것이다. 이 친구는 실제 월급을 받기 전까지는 수령액에 대해서 정확히 듣지 못했다고 한다. 유명대학이기 때문에 이름 없는 전문대학보다는 월급이 많을 것으로 생각해서 실망감은 더욱 컸었다고 한다.

생각해 보면 일본에서는 구인광고를 살펴봐도 연봉이 얼마인지 구체적으로 나와 있는 경우는 별로 없다. 많은 회사는 '당사 급여규정에 따라 지급'으로 표기하고 있다. 간단히 말하자면 이 뜻은 '나름 급료는 지불하기 때문에 안심하고 오세요'라는 의미이다. 영업직에서는 '매월 순수익(또는 고정급) 30만엔 이상' 등으로 급여액을 제시하는 곳도 있지만 오히려 이런 문구는 '일이 힘들겠다'와 같은 생각이 들게 한다.

외국기업에서의 구인광고를 살펴보면 연봉을 제시하는 것이 일반적이기 때문에 일본과 같이 상대방을 믿고 이직이나 회사를 결정하는 일은 없다. 많은 일본인도 실제 자신이 받는 돈을 알고 싶어 하지만 월급액수를 자세하게 물어보면 돈에 집착하는 사람이라는 이미지를 심어 줄까 걱정한다.

일본은 고문맥문화이기 때문에 많은 메시지가 비언어적으로 전달되곤 한다. 연인이나 부부 사이에 '사랑한다'라고 말하지 않는 것도 서로에게 애정을 느끼고 있다면 딱히 말할 필요가 없기 때문이다. 예전에 『NO라고 말하지 못하는 일본인』이라는 책이 베스트셀러가 된 적이 있는데 일본은 NO라고 말하지 않더라도 화자의 기분이 전달되는 문화인 것이다.

이 밖에도 선물을 건넬 때 하는 "변변치 않은 것입니다만…"이나 음식을 제공하기 전에 "입에 맞을지 모르겠습니다만…", 집안에 손님을 들어오라고 할 때 "어수선합니다만…", "방이 지저분합니다만…" 등 화자의 기분과 실제 표현이 다른 것이 있는 것도 말 이외의 메시지가 중시된다는 것을 말해 주고 있다.

분위기를 잘 읽지 못하는 사람을 통칭할 때 'KY[43]'라고 부르는데 이것도 언어 이외의 메시지를 잘 읽지 못하는 사람을 가리키는 일본의 독특한 표현이다. 일본에서는 끊임없이 주변을 살피고 그 자리의 분위기에 맞는 행동을 하는 것을 미덕으로 여긴다. 그렇지 못한 사람은 KY라고 주변사람으로부터 소외받게 되는 것이다.

---

[43] [역주] 그 자리의 분위기나 상황을 살피는 것을 '空気を読む(공기를 읽다)'라고 표현한다. 'KY는 '空気 読めない(분위기 파악을 못하다)'라는 뜻으로 '空気 (kuki, 공기)'와 '読めない(yomenai, 읽지 못한다)'의 머리글자를 딴 것이다.

회의는 왜 길어지는가?

미국의 문화인류학자 에드워드 홀(Edward T. Hall)은 시간을 어떻게 생각하고 어떻게 활용하는가에 따라 **복합 시간(Polychronic Time)**과 **단일 시간(Monochronic Time)**이라는 상반된 두 가지 개념을 제창하였다.

복합 시간(P타임)이란 동시에 복수의 일을 하고자 하는 개념으로 느슨한 시간 개념 내에서 여러 일을 할 수 있다면 된다는 사고방식이다. 따라서 스케줄보다 상대와의 관계를 중시하기 때문에 하나하나의 일들이 시간대로 진행되지 않는다.

이에 반해 단일 시간(M타임)은 하나하나의 예정을 시간의 흐름 내에서 진행해 가는 것을 의미한다. 스케줄대로 확실하게 일을 진행해 간다. 여러분은 어떤 유형에 해당하는가?

〈표 4〉 복합 시간과 단일 시간

A	1	약속한 시간에는 가급적 늦지 않도록 한다.
	5	약속한 시간에 조금은 늦어도 된다.
	3	어느 한쪽이라고 말할 수 없다.
B	1	수첩에 예정을 적어 스케줄을 관리하고 시간을 유용하게 활용하려고 한다.
	5	예정은 어디까지나 예정이고 그때의 상황에 유연하게 대응하려고 한다.
	3	어느 한쪽이라고 말할 수 없다.
C	1	일하는 중에 친구를 만나도 가볍게 인사하고 그대로 일을 계속하는 편이다.
	5	친구를 만나면 하던 일을 그만두고 천천히 이야기하는 편이다.
	3	어느 한쪽이라고 말할 수 없다.

D	1	상대방이 연락도 없이 갑자기 약속을 깨면 불쾌한 기분이 든다.
	5	약속해도 갈 수 있을 때와 못가는 때가 있다.
	3	어느 한쪽이라고 말할 수 없다.
E	1	계획대로 일이 진행되지 않으면 불안해하는 편이다.
	5	계획은 어디까지나 목표이고 그대로 진행되는 것은 아니다.
	3	어느 한쪽이라고 말할 수 없다.
합계	5 ——————— 15 ——————— 25	
	단일 시간　　　　　　　복합 시간	

시간은 무한하기 때문에 그 안에서 유연하게 대응하는 것이 P타임이고 시간은 정해져 있기 때문에 스케줄에 따라서 효율적으로 관리하는 것이 M타임이다. 아랍국가, 아프리카, 라틴계 민족, 동남아시아 국가들은 P타임에 속하고 서양이나 일본은 M타임에 속한다고 할 수 있다.

인도네시아에는 잠칼렛(jam karet, 고무줄 시간)이라는 단어가 있을 정도로 시간은 문자 그대로 늘리고 줄일 수 있는 개념으로 일들은 스케줄에 맞춰 진행되지 않는다. 내가 인도네시아 대학을 방문했을 때도 예정된 스케줄이 갑작스럽게 변경되거나 늦춰지는 일이 빈번했다. P타임 국가에서는 시간은 천천히 흐르기 때문에 사람들은 커다란 시간 축 안에서 일들을 해 나가고 있는 것이다.

이에 반해 일본은 서양의 나라들과 비교해 보아도 꽤 엄격한 M타임에 속한다고 할 수 있다. 1장의 '나의 상식, 다른 사람에게는 비상식?'에서도 언급했듯이 남미 사람들이 일본에 와서 놀라는 것 중 하나가 TV프로그램이 1초도 늦지 않고 진행되는 것이라고 한다. 브라질에서는 프로그램이 늦어지는 것은 당연하고 생방송은 종종 시간이 늘어나 연장되기도 한다고 한다. 동남아시아의 학생들은 일본에 버스시간표가 있다는 것에 놀라고 또 거의 시간표대로 버스가 운행되는 것에 놀란다.

이처럼 엄격하게 시간을 관리하는 일본이지만 물론 예외는 있다. 그것은 병원과 회의 시간이다. 병원에서는 몇 시간을 기다려야 하는 것이 보통이고 인기가 있는 병원에서는 1회 진료를 위해서 하루 종일 기다리는 경우도 있을 정도이다. 예약이 되어 있어도 시간대로 진료가 이루어지지 않는다. 그래서 병원에서 안절부절 못하는 사람들도 많지 않을까?

회의도 시간에 맞춰 끝나지 않는다. 내가 다니는 직장에서도 지속적으로 시간 단축을 요구해도 그때만 잠시 시간이 단축되고 어느새 다시 원래대로 돌아온다. 회의를 정각에 끝내려고 하는 의식이 왜인지 일본인에게는 없다.

내 친구인 영국인 P씨는 오랜 시간 일본 대학에서 비정규직 교사로 일했는데 그 지역의 전문대학에 영어 전임교수로 채용되었다. 일본인 아내와 아이도 있어서 이제 생활이 안정되어 무척 기뻐할 것이라고 생각했다. 골든위크(일본에서 4월 말부터 5월 초까지 공휴일이 모여 있는 일주일)가 끝날 때쯤 P씨와 만날 기회가 있어서 새로운 직장은 어떤지 물어보았다.

그러자 내가 기대했던 바와는 다르게 풀이 죽은 얼굴을 하고 있었다. 왜 그런지 물어보니 회의가 많고 또 그 회의가 종종 길어져서 싫다는 것이었다. P씨는 일본어가 뛰어나기 때문에 여러 회의에 출석하라고 권유를 받는데 자신과는 직접적인 관계가 없는 주제뿐이고 발언할 기회도 없어서 왜 회의에 출석하는지 모르겠다며 당황스럽다고 했다. 영국에서는 의제에 관여하는 관계자만 논의하는 것이 보통이고 의제와 별로 관계가 없는 자신이 언제 끝날지도 모르는 긴 회의에 참석하는 것은 아무리 생각해도 아닌 것 같다고 했다.

병원과 회의 시간은 공통적으로 통제가 어렵다고 생각하는 것이 일본인들의 의식이다. 병원에서의 진찰, 진단에는 예기치 못한 일이 있을 수 있고 생명과 관련된 일이기 때문에 예정대로 끝내기에는 어려움이 있다. 그래서 시간이 늦어져도 어쩔 수 없다고 생각하는 것이다. 그리고 일본의 회의는 만장일치가 원칙이기 때문에 전원이 납득할 때까지 발언을 하게 할 필요가 있다. 만약 시간을 정해서 급하게 회의를 끝낸다면 일부 사람들이 불만을 갖고 후에 문제가 일어날 가능성이 높다.

일본에서는 불만을 안고 있는 사람에게 말하고 싶은 것을 할 수 있도록 하는 것을 'ガス抜き(가스빼기)'라고 말한다. 자신의 생각을 표출함으로써 형식적으로는 그 의견이 정식으로 다루어졌다고 느끼고, 원하지 않는 결과로 끝났다고 하더라도 어쩔 수 없다고 생각하는 환경이 만들어지는 것이다. 병원과 회의에서의 시간은 '어쩔 수 없다'라는 일본인들의 생각이 깊게 베어 있다고 할 수 있을 것이다.

병원과 회의라는 예외를 제외하면 일본은 기본적으로 M타임이지만 이것은 도시에서의 이야기이다. 시골에 가면 P타임이 된다. 시골 사람들의 따뜻한 정은 사무적으로 시간에 맞춰 대응하지 않는 유연성에 의한 것이다. 현(県) 단위로 말하자면 오키나와에는 우치나(うちな, 오키나와의 다른 이름) 타임이라는 것이 있어서 시간에 대해 유연하게 대처한다. 술자리 등에서도 30분 정도 늦는 것은 당연하고 보통 1시간 정도가 지나야 모든 사람들이 모이게 된다.

나는 일본인 중에서도 P타임형 인간과 M타임형 인간이 있다는 것을 관찰해 왔다. 내 경험에서 말하자면 비즈니스의 최전선에서 활약

하는 사람들은 전형적인 M타임형 인간이고, 가정주부들은 P타임형 인간이 많다고 느낀다.

내 아내는 사실 가정에서는 완벽한 P타임형 인간이다. 집밖을 나가면 시간을 확실히 지키지만 집안에서는 P타임이다. 이것이 원인이 되어 부부싸움을 한 적도 있다. 나는 예전부터 정확한 것을 좋아하는 성격으로 집 청소는 매주 토요일에 하고 세탁기는 아침에 돌리며 목욕은 가족이 순서대로 들어가는 등 모든 일을 순서대로 정해 놓지 않으면 직성이 풀리지 않는다. 그러나 아내는 청소는 더러워지면 하고 빨래는 그때그때 필요하면 밤에 하기도 하고 아침에도 하며 목욕도 들어가고 싶은 사람부터 하면 된다는 식으로 꽤 유연하게 대응하는 편이다. 처음에는 이런 아내를 시간에 엄격하지 못하다고 생각했지만 지금은 그런 방식도 있겠다고 생각하게 되었다.

아내의 특기는 음식을 다음날 먹을 양까지 한꺼번에 만드는 일이다. 특히 카레라이스나 스튜와 같은 음식은 다음날 먹을 수 있는 양까지 그날 저녁 식사와 함께 만들어낸다. 이처럼 한 번에 여러 가지 일을 하려고 하는 것이 P타임형 인간의 특징이다. 나 같은 사람은 음식을 만들 때 전화가 와도 요리하는 것을 멈추고 전화를 받지만 아내는 음악을 들으며 요리를 만들고 전화로 친구와 수다를 떠는 등 여러 가지 일을 아무렇지 않게 한꺼번에 해낸다.

솔직히 말하면 나도 P타임형 인간이 되고 싶다고 느낀다. M타임은 시간에 속박되고 답답하고 스트레스가 쌓인다. 그에 반해 P타임은 슬로라이프가 가능하고 마음 편히 생활할 수 있다. 라틴계 사람들이 생활을 즐기며 살아가는 것을 보면 일본에서와 같은 엄격한 시간관리가 반드시 인간의 행복과 일치하지는 않는다고 느끼게 되는 때가 있다.

일본에서 최근 슬로라이프의 가치가 재조명받는 것도 이와 같은 가치관의 변화에 따른 것일지도 모른다.

식료품 도둑을 찾아라!

인간은 본래 착하다는 '성선설'과 악하다는 '성악설'이라는 사고방식이 있다. **성선설**은 맹자(孟子)가 주창한 것으로 '인간은 태어나면서부터 선하지만 성장하면서 악함을 배운다'라는 것이고 **성악설**은 순자(荀子)가 주창한 것으로 '인간은 태어나면서부터 악하지만 성장하면서 선함을 배운다'라는 인간관이다. 양쪽 모두 인간은 선함과 악함을 동시에 지니고 있다는 것을 의미하지만 어느 쪽의 생각을 선택하는지에 따라 다른 사회가 만들어지게 된다.

많은 기독교에서는 아이들은 원죄를 가지고 태어났다고 생각하고 아이들의 원죄를 씻는 의식으로서 세례(baptism)를 받는 것이 일반적이다. 이슬람교나 유대교의 계율이 엄격한 것도 성악설에 의한 것이라고 여긴다. 이슬람의 여성은 남성들의 사악한 욕망을 자극하지 않으려고 피부를 숨긴다고 한다.

이에 반해 일본은 전통적인 유학의 인간관인 성선설에 기초한 사회를 구축해 왔다. 예를 들어 일본에서는 아이들은 순진무구하다고 생각하는 사람이 많고 다소 버릇없이 굴더라도 너그럽게 봐주는 분위기가 사회 전반에 깔려 있다. 그러나 서양인들의 눈에 일본인들은 아이들에게 너그럽고 제멋대로 굴게 놔두는 것처럼 비춰지는 것 같다.

이와 관련해 최근 흥미로운 일이 일어났다. 어느 만화가가 비행기

안에서 어린아이의 울음을 견디지 못해 아이의 부모뿐만 아니라 항공
사에 클레임을 걸었다는 사실을 잡지 칼럼에 기고하였는데 이것이 생
각보다 큰 반향을 불러 일으켰다.

흥미로운 것은 그 반향으로 '아이는 우는 게 일이다', '귀마개를 하고
참으면 된다' 등 만화가를 공격하는 글이 상당히 많이 보였다. 이것은 마
땅히 '아이가 우는 것은 당연하다'라는 성선설적인 사고방식인 것이다.

〈표5〉 성선설과 성악설

A	1	아이들은 순진무구한 존재로 태어난다.
	5	아이들은 원죄를 가지고 태어나기 때문에 정화할 필요가 있다.
	3	어느 한쪽이라고 말할 수 없다.
B	1	세상은 서로에게 도움을 주며 살아가는 법이다.
	5	다른 사람을 믿지 않고 자신만의 삶을 살아가야 한다.
	3	어느 한쪽이라고 말할 수 없다.
C	1	인간관계에서 서로를 믿는 것이 중요하다.
	5	사람을 믿을 때는 신중하게 판단하고 신용이 깨질 가능성도 염두해 두어야 한다.
	3	어느 한쪽이라고 말할 수 없다.
D	1	아이들은 태어나면서 사랑받아야 할 존재이다.
	5	아이들은 천성적으로 이기적이기 때문에 엄격하게 예의범절을 가르칠 필요가 있다.
	3	어느 한쪽이라고 말할 수 없다.
E	1	어떤 인간이라도 바르게 살아가려고 생각한다.
	5	인간은 누군가 보고 있지 않으면 나쁜 짓을 하려는 동물이다.
	3	어느 한쪽이라고 말할 수 없다.
합계		5 ▬▬▬▬▬▬ 15 ──────── 25 성선설　　　　　　　성악설

나도 비슷한 경험이 있다. 작은 아이가 아직 어릴 때(당시 3살과 4살 연년생 아들들) 신칸센 안에서 아이 둘이 소란을 피우는데 좀처럼 그치지 않았다. 그러자 다른 승객이 시끄럽다고 큰 소리를 내어 아내와 나는 기분이 나빠졌다. 앞에 있던 나이 드신 승객이 "아이니까 어쩔 수 없지요."라고 말해 주신 것이 그나마 위안이었다. 아이를 키운 경험이 있는 사람이라면 관용적인 태도로 이해해 주겠지만 그렇지 않은 사람은 참기 어려울 것이다.

미국에서는 유소년 때부터 아이들을 인격을 가진 한 개인으로 생각하고 사회 매너나 공중도덕을 엄격하게 가르친다. '아이들이니까'라는 관용은 통하지 않고 어리광을 부리지 않는 정신적인 자립을 유소년 시기 때부터 키워나간다.

내가 미국에서 홈스테이를 했을 때 젊은 미국인 부부와 같이 지낸 적이 있다. 이 부부는 생후 몇 개월밖에 지나지 않은 아기를 다른 방에서 따로 재웠다. 밤이 되어 아기는 혼자가 되자 울기 시작했지만 잠깐만 달래주고 다시 방으로 돌아오는 것이었다. 일본인의 입장에서는 마치 아기를 학대하는 것이 아닌가 생각했을 정도였다. 미국에서는 유아 때부터 이러한 방식으로 키우기 때문에 자립심이 빨리 확립되는 것 같았다.

이 성선설·성악설에 근거한 인간관은 그 사회를 어떻게 만들어 갈 것인가와도 깊은 관련이 있다. 법치국가라는 것은 국가의 권력이 법에 근거하여 행사되는 나라를 가리키지만 법으로 인간의 모든 행동을 규제하는 것은 불가능하다. 지켜야 할 최소한의 기준이 규정되어 있는 것에 불과한 것이다.

성악설에 근거하면 보다 엄격한 법률을 필요로 하고 성선설에 근거하면 완화된 법률을 필요로 한다. 어떠한 법치국가도 그것이 제대로 기능하려면 법률을 준수하는 높은 정신력과 도덕성이 요구된다.

아시아의 어느 나라에서는 공공장소에서 쓰레기를 버리거나 침을 뱉거나 껌을 소지하는 것을 법률로 금지하고 위반했을 때는 벌금을 부과한다. 성악설을 근거로 하면 이와 같은 엄격한 법률을 가하게 되는 것이다. 그러나 인간의 행동을 규제하면 할수록 스스로에게 족쇄를 채우게 되고 자유를 속박하게 되지는 않을까?

일본은 세계에서도 드물게 신뢰관계에 기초한 사회를 구축해 왔다. 범죄율도 세계에서 최저 수준이다. 그 근거가 되는 것은 선한 인간과의 유대관계로 연결된 사회에 있다고 생각한다. 2011년에 발생한 동일본 대지진에서 피해 주민들이 보여준 규율과 질서 있는 행동에 전세계의 칭찬이 이어졌다. 이들 나라들이 칭찬한 일본인들의 높은 도덕심은 성선설에 기초한 신뢰사회에서 온 것이 아닐까 생각한다. 신뢰사회란 서로를 믿고 위로하고 돕는 사회를 말한다. '인간은 나쁜 일을 하지 않는다'라는 전제에서 성립하는 사회인 것이다.

도쿄나 오사카와 같은 대도시에서는 볼 수 없지만 지방으로 가면 무인(無人)가게가 여기저기에 설치되어 있다. 농가에서 딴 신선한 채소나 과일을 가격표와 함께 놓아두고 필요한 사람은 돈을 상자에 넣고 가져가는 방식이다. 신뢰가 없다면 할 수 없는 장사인 것이다.

이 밖에도 외국인이 놀라는 것 중 하나로 자동판매기가 많다는 것이다. 외국에도 자판기가 있지만 실외에 자판기가 설치되어 있다는 것에 무척 놀란다. 나는 외국에서 자판기가 실외에 있는 것을 보지 못했는데 그 이유는 간단하다. 누군가가 부수고 돈을 훔쳐갈 가능성이 높기 때문이다.

중국인들로부터 가끔 듣는 이야기인데 손을 뻗으면 쉽게 과일을 딸 수 있을 정도로 과수원이 길가에 있다는 것이 놀랍다고 한다. 중국이라면 틀림없이 길가에 열린 과일을 따서 가져가 버릴 것이라고 한다.

일본의 상점가에서는 길가에까지 상품이 진열되어 있는데 브라질 사람들에게는 이것이 마치 '내 물건 좀 훔쳐가 주세요'라고 말하는 것처럼 보인다고 한다. 그리고 보니 이러한 가게에서는 밖에 진열되어 있는 물건을 들고 안으로 들어가서 가게주인을 불러야 살 수 있는 경우가 흔히 있다.

어느 중국인 유학생으로부터 흥미로운 이야기를 들은 적이 있다. 중국인 유학생으로 인문계 2학년인 여학생 A씨가 있었다. A씨는 대학 기숙사에 살고 있었는데 기숙사에서 공동으로 쓰고 있는 냉장고에서 자신의 음식이 없어진 사건이 있었다고 한다. 그래서 이 냉장고를 사용하는 모든 기숙사 학생들이 모여 서로 이야기를 했다고 한다. 거기에서 결정된 내용이 '친구와의 신뢰관계가 무너지기 때문에 범인을 찾지 말고, 앞으로 범인은 절대로 다른 사람의 음식을 훔쳐가지 않길 바란다'라는 것이었다.

이 결정에 대해 중국인인 Q씨는 납득할 수 없었다. 반드시 범인을 잡고 싶었고 새벽 3시부터 일어나서 범인을 찾겠다며 해당 층의 반장에게 문제제기를 했다고 한다. 그런데 반장은 다른 모든 사람을 의심하는 것이기 때문에 하지 않는 것이 좋겠다고 이야기했다. Q씨는 다른 사람들을 위해 아침 일찍부터 일어나 범인을 잡으려고 하는데 왜 반대하는지 이해하지 못했고 오히려 화가 났다고 한다.

하지만 그 후에도 도난은 계속 이어졌고 다시 한 번 기숙사 학생들이 모이게 되었다. 거기서 반장은 친구를 의심하고 싶지 않기 때문에 범인은 도둑질을 그만두기를 바란다. 계속해서 이러한 일이 발생하면 정말로 범인을 찾아야 하기 때문에 그만두라고 학생들에게 다시 호소했다는 것이었다. 이 후 도난사건은 더 이상 일어나지 않았다.

이 사건을 통해서 중국인 Q씨는 친구를 신뢰하는 것의 중요성을 깨닫게 되었다고 한다. 중국에서는 좀처럼 다른 사람을 믿지 않는데 일본인들처럼 주위 사람들을 신뢰하는 사회가 훌륭하다고 다시 느꼈다고 한다. 나는 이 이야기를 듣고 이와 같은 해결 방법은 일본이 아닌 다른 곳에서는 불가능하지 않을까 생각했다. 주위 사람들을 착하다고 생각하는 사회이기 때문에 가능한 해결 방법이었던 것이다.

예전과 비교해 보면 신뢰관계가 희박한 커뮤니티도 늘어났다고 생각되지만 지방이라고는 해도 대학 안에서 이 같은 신뢰관계를 확인했다는 점에 놀랐고 뭐라 형용할 수 없는 기쁜 마음이 들었다. 또한 동일본 대지진에서 보여준 사람들의 높은 도덕성을 가까운 곳에서도 재확인하였다는 생각이 들었다.

'近いうちに(곧, 조만간)'는 언제를 말하는가?

지금까지 살펴본 4개 가치관의 득점을 아래 표에 넣어보자. 당신의 가치관은 어떤 그래프가 될 것인가?44

---

44 하라사와(原沢, 2013) 『異文化理解入門』研究社(p.124)에서 인용.

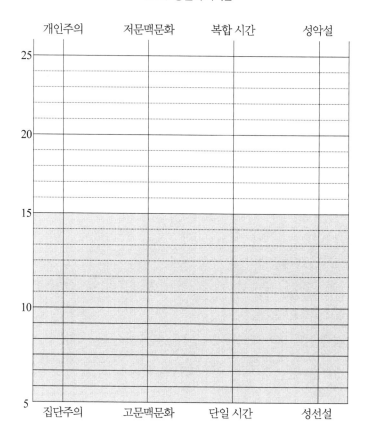

〈표 6〉 당신의 가치관

국적에 따라 그래프는 다를 것이라고 예측되지만 중요한 것은 개개인에 따라서도 다르다는 점이다. 일본인에게서도 서양인과 같은 그래프가 나올 수 있고 서양인이라도 일본인과 같은 그래프가 나올 수 있다.

대학 수업에서 해 보았더니 해외유학 경험이 있는 일본인은 대체로 가운데를 중심으로 그래프가 그려졌고 해외에 간 경험이 없는 일본인은 대체로 아래쪽으로 그려졌다.

재미있는 것은 일본에 오랫동안 살고 있는 한국인 유학생 중에 점수가 낮은 사람이 몇 명 있었다. 이야기를 들어보니 일본에 오랫동안 살아서 일본적인 습관에 익숙해졌다는 것이었다. 이런 학생은 모국에 돌아가면 반대로 위화감을 강하게 느낀다고 한다.

　일본인을 대상으로 이들 가치관을 생각해 보면 '개인주의와 집단주의'에 대해서는 젊은 사람은 점수가 높고 개인주의적인 가치관을 가지고 있는 것 같다. 예를 들어 기업에 대한 멸사봉공(滅私奉公)의 사고방식은 젊은 사람에게는 희박하게 나타난다. 5년마다 18세~24세의 청소년을 대상으로 내각(內閣)에서 실시하는 '세계 청소년 의식조사'에 따르면 한 번도 직업을 바꾸지 않은 청년의 비율은 66.2% (1998년)에서 45%(2008년)로 10년 사이에 21.2포인트나 낮아졌다. 다른 나라와 비교해 보면 여전히 높은 수준을 유지하고 있는 것이 사실이지만 젊은이들의 사회에 대한 귀속의식은 예전과 비교해서 확실히 낮아졌다고 할 수 있다.

　'저문맥문화와 고문맥문화'에 대해서는 세대 간의 차이보다도 개인 간의 차이가 클지도 모른다. 나는 호주에서의 생활이 길었던 탓인지 일을 확실하게 처리하지 않으면 성에 차지 않는 편이다. 그러나 아내의 경우는 알고 있는 것을 몇 번이나 반복해서 들으면 짜증이 난다고 한다.

　2012년도 유행어 대상 TOP10 중에 노다(野田) 전 수상이 이야기한 '近いうちに(곧, 조만간, 머지않아)'가 들어 있는 것은 일본적인 문화를 보는 기분이 들었다. 노다 전 수상은 중의원 해산시기에 관해 2012년 8월 12일에 자민(自民)·공명(公明)과의 당수회담에서 '近いうちに国民に信を問う(가까운 시일 내에 국민에게 신임을 물을 것)'을 약속하고 소비증세를 핵심으로 한 사회보장·세금일체개혁 관련 법안을 성립시키는 데에 성공했다.

그 후 이 ‘近いうちに(가까운 시일 내에)’라는 시기에 관한 논쟁이 일어난 것이다. 결국 이 ‘近いうちに’는 12월 16일이 되었지만 그때까지 여야당 사이에 갖가지 해석이 난무하고 정국이 크게 휘청거리게 되었다. 이와 같은 암시적인 표현이 사용되는 배경에는 고문맥문화의 존재가 있으며 서양에서는 결코 일어날 수 없는 논쟁이라고 할 수 있다.

흔히 일본어를 애매한 언어라고 하지만 그것은 틀린 이야기이다. 나의 전문 분야는 일본어학이기도 해서 이 문제에 대해 주장하고 싶은 바가 있다. 일본어는 문법적으로 논리적인 언어이다. 요약하자면 일본인은 확실한 표현을 피하고 사용하지 않는다는 것이 가장 큰 이유이다. 따라서 영어도 확실히 이야기하지 않으려고 하면 애매한 표현이 얼마든지 가능한 것이다. 예를 들어 일본인은 거절할 때 ‘NO’라고 표현하지 않는다고들 하지만 ‘NO’라는 말이 없는 것이 아니다. ‘いいえ(아니오)’라는 말이 있지만 그것을 사용하지 않고 ‘NO’라는 기분을 표현하려고 하는 것이다.

‘복합 시간(P타임)과 단일 시간(M타임)’에 대해서는 일반적으로 M타임이라고 불리는 일본에서도 오키나와에는 우치나타임(오키나와타임)이라는 P타임이 있고, 또 대도시와 비교해 보면 시골 쪽이 P타임이라는 것을 설명하였다. 내 친구를 보더라도 사적인 자리에서는 P타임인 사람도 많다. 일본의 비즈니스 환경에서는 M타임이지 않으면 탈락자 낙인이 찍혀 버리지만 개인적으로는 그렇게 엄격한 시간을 요구하지 않는다. 결국은 상황에 따라 다른 것이다.

가끔씩 집으로 친구를 초대해서 바비큐를 할 때가 있지만 5시 모임의 경우 대개 5시부터 5시 30분까지 30분 정도의 간격을 두고 모이는 것이 보통이다. 술자리의 경우 15분 정도는 서로 기다리지만 전철로

가야 하는 경우는 모임 시간에 늦는 사람은 없다. 우리는 상황에 따라 M타임과 P타임을 구분하고 있다고 할 수 있다.

마지막으로 '성선설과 성악설'에 대해 아이들의 예절교육에 엄격한 사람은 성악설 쪽이지 않을까 생각한다. 여러분의 가정이나 주변 사람들은 어떠한가? 스스로 돌이켜보면 내가 자란 가정에서는 그다지 예의범절 교육은 없었다. 이런 의미에서 나는 꽤 너그러운 환경에서 자라온 것 같다. 그래도 어떻게 대학교수가 된 것을 보면 인간은 사회 속에서 성장해 가는 것 같다.

서양에서의 예의범절은 엄격하고 일본은 너그럽다고 하지만 성인이 되어서 서양인과 일본인을 비교해 보면 일본인이 서양인보다 현저히 품위가 떨어지는 일은 없다. 오히려 높은 도덕성을 칭찬받을 정도이므로 어느 쪽의 교육방식이 좋다고 일률적으로 말할 수는 없다.

슬로라이프(Slow Life)

다른 나라의 다양한 가치관을 살펴보고 자신과는 다른 사고방식을 접함으로써 타문화의 훌륭한 점을 받아들이고 싶다는 생각이 생겼을 것이다. 자문화의 변용이 시작된 것이다. 예를 들어 1980년대까지의 '이코노믹 애니멀(Economic animal)' 시대는 열심히 일하는 것이 좋은 것으로 여겨졌다. 그러나 버블 붕괴 이후 사람들의 가치관이 다양화되어 일보다 가족 중심의 생활을 생각하는 샐러리맨도 늘어났다. 플렉스 타임(Flex time, 자유근무 시간제)의 도입이나 재택근무도 이와 같은 변화의 하나이다. 이러한 점에서 라틴 국가에서 보이는 **슬로**

라이프(Slow life)를 일본인들도 조금씩 받아들이기 시작한 것인지도 모른다.

다만 실제 슬로라이프를 실천하고자 생각해도 일본의 샐러리맨에게는 어려운 것이 사실이다. 제1장에서 접했듯이 샐러리맨의 세계는 냉엄한 경쟁의 현장이고 슬로라이프를 실천하고자 한다면 구조조정의 후보가 되기 십상이기 때문이다. 현실에서는 고도의 전문직이나 시간적으로 여유가 있는 자영업자, 시간에 속박되지 않는 전업주부, 정년퇴직자 등에 한정된다.

일 중심인 일본인도 마음 한쪽에는 모두 슬로라이프를 바라고 있기 때문에 정년퇴직 후는 슬로라이프를 즐길 수 있게 된다. 연금을 받으며 봉사활동을 하거나 취미로 등산을 하고 세계여행을 즐긴다. 내가 아는 사람 중에도 시간에 쫓기지 않는 폴리클로닉(Polychronic)적인 생활을 즐기고 있는 사람들이 많이 있다.

내 자신을 생각해 보면 브라질, 미국, 호주에서의 생활은 일본인으로서의 가치관에 큰 영향을 주었다고 느낀다. 브라질에서는 인생을 즐기는 긍정적인 생활 방식, 미국에서는 개인의 자유를 존중하는 삶의 방식, 호주에서는 자연과 조화된 아웃도어를 즐기는 방식을 익혔다고 생각한다. 이러한 가치관은 현재 내 정체성(Identity)의 일부가 되었다.

이와 같은 삶의 방식은 반드시 일본 사회가 받아들일 수 있는 것만은 아니다. 일본사회에서 살아가고자 한다면 주변 상황을 잘 살피고 눈에 띄지 않을 정도로 인생을 즐기는 것이 좋기 때문이다. 개인주의를 전면으로 내세우며 즐겁게 일을 하거나 가든파티만 하고 있다면 일은 하지 않고 혼자서 즐기고 있는 사람으로 낙인이 찍힐 수도 있다. 그리고 주변 사람들로부터 비난을 받을지도 모른다.

제3장에서도 일본의 '모난 돌이 정 맞는다' 문화에서 보았듯이 일본에서는 '타인과 다르다'라는 것은 부정적인 요소로 평가받는다. 안전하고 평화롭고 조화로운 일본사회에서 살아가려면 이와 같은 부정적인 측면도 의식하면서 살아가야 한다.

따라서 다가오는 다문화 공생 사회에서는 이와 같은 여러 종류의 다양한 가치관을 받아들일 수 있는 사회를 만들 필요가 있다. 그러려면 이곳에서 살아가는 사람들이 이문화 커뮤니케이션에 관한 지식을 익힐 필요가 있는 것이다.

제6장

여성의 관찰력은 명탐정 홈즈와 같다

(비언어 커뮤니케이션을 생각해 보는 장)

제6장
여성의 관찰력은 명탐정 홈즈와 같다
(비언어 커뮤니케이션을 생각해 보는 장)

【키워드】

□ 커뮤니케이션　　　　　□ 언어 커뮤니케이션

□ 비언어 커뮤니케이션　　□ 레이 버드위스텔(Ray Birdwhistell)

□ 알버트 메라비언(Albert Mehrabian) □ 냅(Knapp)의 분류 □ 신체동작

□ 신체적 특징　　□ 접촉행동　　□ 주변언어(paralanguage)

□ 공간　　　　　□ 대인거리　　□ 에드워드 홀(Edward T. Hall)

□ 인공물　　　　　　　　□ 메라비언의 법칙(Mehrabian's rule)

　　이문화와의 교류에 있어 중요한 비언어(nonverbal) 커뮤니케이션에 대해 생각해 보자. 우리는 의식하지 않지만 커뮤니케이션의 절반 이상은 비언어 전달로 이루어진다. 이미지라는 측면에서 살펴본다면 90% 이상이 비언어라는 조사도 있다. 우리의 존재 자체가 비언어 메시지를 발신하고 있다고 할 수 있는 것이다. 이와 같은 비언어 커뮤니케이션의 중요성을 다양한 일화와 사례를 통해 생각해 보자.

하품도 커뮤니케이션인가?

우리는 매일 다른 사람들과의 커뮤니케이션 속에서 살아간다. 그런데 **커뮤니케이션**이란 과연 어떤 것을 의미하는 것인가? 예를 들어 아래 보이는 것 중 당신은 어느 것을 커뮤니케이션이라고 생각하는가?

□ 가족들과의 대화　　□ 부모자식 간의 싸움　□ 전화통화

□ 친구와 의견교환　　□ 아침인사　　　　　□ 목례

□ 눈짓　　　　　　　□ 무언(無言)의 통화

□ 깊은 한숨　　　　　□ 하품

여러분은 몇 개를 골랐는가? 처음 다섯 개만 고르지는 않았는가? 아니면 그 다음 항목들도 체크하였는가? 커뮤니케이션의 정의는 연구자에 따라 다양하고 한 가지로 정의하는 것은 어렵다. 일반적으로 생각하면 '커뮤니케이션=언어를 사용한 교류'이기 때문에 첫 다섯 항목이 커뮤니케이션의 범주가 될 것이다.

일본어사전『大辭林』에서 커뮤니케이션의 의미를 찾아보면 "인간이 서로에게 의사·감정·사고를 서로 전달하는 것. 언어·문자 그밖에 시각·청각에 호소하는 몸짓·표정·소리 등의 수단으로 한다."라고 적혀 있다. 이 정의에 따르면 처음 5개의 언어적 소통에 더해 그 다음 3개의 항목도 포함된다. '목례'나 '눈짓'은 어떠한 기분을 상대방에게

전달하려는 것이고 '무언의 통화' 역시 말하지 않는다는 행위로 어떤 메시지를 전달하고 있다고 할 수 있기 때문에 커뮤니케이션에 포함되는 것이다.

그렇다면 마지막 '깊은 한숨'과 '하품'은 어떠한가? 이들 행위는 명확하게 행위를 한 사람이 상대에게 무엇인가를 전달하고자 하는 의도는 없다. 그 사람의 내면적 기분의 표현이 '깊은 한숨'이고 자신의 의지와는 상관없이 생체반응으로 나오는 것이 '하품'이기 때문이다.

그러나 이 행위를 본 상대방은 어떠한 메시지를 전달받게 된다. 즉 '깊은 한숨'으로 그 사람 본인의 마음(슬픔·피곤함·안심·만족 등)이 상대방에게 전해지고 '하품'으로 그 사람의 '졸린다'나 '싫증난다'라는 내적 상태가 상대방에게 전달된다. 본인의 의지와는 관계없더라도 어떠한 메시지가 상대방에게 전달되면 커뮤니케이션이 성립한다고 생각할 수 있다. 따라서 위에서 제시한 것은 모두 커뮤니케이션에 포함된다고 볼 수 있다.

이문화 커뮤니케이션 연구자인 아라키 아키코(荒木晶子) 씨는 커뮤니케이션에서 고려해야 하는 것은 상대방의 표현방법이나 전달되는 말, 혹은 상대방이 의도하는 것이 아니라 상대방의 의지에 관계없이 발화·전달되는 내용에 대해 '청자가 받아들이는 의미'이고, 그 행동이 '어떻게 의미가 부여되고 해석되는가?'라는 것이 커뮤니케이션을 이해함에 있어서 중요한 개념이 된다고 설명하고 있다.[45] 따라서 커뮤니케이션이라는 것은 당사자가 발신하는 모든 메시지가 상대방에게 전달됨으로써 성립하는 것이라 생각할 수 있다.

---

[45] 야시로 쿄코 외(八代京子ほか, 2001)『異文化コミュニケーション · ワークブック』三修社 (p.30)에서 인용.

회화의 65%는 비언어

 이와 같이 커뮤니케이션은 당사자가 의식하든 그렇지 않든 상대에게 어떤 메시지가 전달되면 성립하게 된다. 커뮤니케이션의 종류에는 말에 의해 표현되는 **언어 커뮤니케이션**과 말로 표현되지 않는 **비언어 커뮤니케이션**이 있다.

 우리의 커뮤니케이션은 언어와 비언어에 의한 메시지로 성립되는데 그렇다면 그 비율은 어느 정도일까? 실제 우리가 하는 커뮤니케이션의 상당 부분은 비언어 메시지에 의지하고 있다고 할 수 있다.

 비언어 커뮤니케이션 연구자인 **버드위스텔**(Birdwhistell)은 두 사람이 대화를 나누는 부분 중 65%가 동작이나 제스처 등의 비언어로 이루어져 있다고 보고하고 있다. 또한 심리학자인 **메라비언**(Mehrabian)의 연구에 따르면 상대방으로부터 받는 충격의 93%가 언어 이외의 메시지(목소리 상태=38%, 표정=55%)에서 온다고 지적한다.

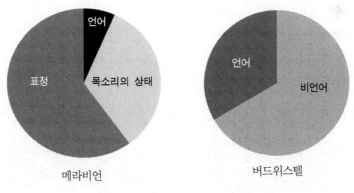

〈그림 10〉 비언어 커뮤니케니션의 중요성

그러나 이와 같은 비언어에 의한 커뮤니케이션의 중요성을 이해하는 사람은 의외로 적다. 보케(ぼけ, 바보 역할)와 츳코미(つっこみ, 지적하는 역할)라는 유머 있는 대화는 만담가의 전매특허이지만 비언어적 요소를 제외한 대화를 상상하는 것은 불가능할 것이다. 만약 비언어를 사용하지 않고 만담을 이어간다면 움직여서도 안 되고 제스처나 표정도 지을 수 없으며 시선도 한 곳만을 바라본 채 말에 억양이 들어가서도 안 된다. 정면을 바라보고 두 사람이 움직이지 않고 꼿꼿이 선 채 암기하듯이 소리를 내고 있는 모습의 대화는 상상하기 힘들다.

라쿠고(落語, 만담)[46]는 더 비참하다. 어쨌든 움직여서는 안 되기 때문에 두 사람을 연기할 수가 없다. 목소리 톤을 바꿀 수도 없다. 움직이지 않고 정면을 바라본 채로 목소리의 변화가 없는 단조로운 말을 내뱉는 것밖에 할 수 없다.

설명만으로는 납득되지 않는 사람은 실제 비언어 요소를 빼고 말해 보는 것도 좋다. 만담이나 라쿠고의 예에서 설명했듯이 비언어 커뮤니케이션에 의존하지 않고 회화에서 사용할 수 있는 것은 오직 말뿐이다. 따라서 몸을 움직이지 않고 시선도 고정한 채 무표정으로 말만하고 단어에 나타나는 악센트의 높낮이나 억양도 넣어서는 안 된다. 특히 표준일본어에서는 악센트의 높낮이가 커뮤니케이션에서 중요한 수단이 된다. 예를 들어 아래의 문장은 악센트의 높낮이에 따라서 3가지 방식의 해석이 가능하다.

---

[46] [역주] 이야기꾼이 무대에 혼자 앉아 일인 다역으로 청중에게 재미있고 우스꽝스러운 이야기를 들려주는 무대예술.

にわにわにわとりがいる

(1) 庭にはニワトリがいる (정원에는 새가 있다)

(2) 庭には二羽鳥がいる (정원에는 두 마리 새가 있다)

(3) 二羽庭には鳥がいる (니와정원에는 새가 있다)

고저악센트가 없는 일본어라는 것은 이 세 가지 중에서 어떤 의미로 읽히는지 모른다는 이야기가 된다. 마치 예전 컴퓨터 음성과 같은 소리로 비언어 메시지에 의지하지 않는 언어 커뮤니케이션이 되는 것이다.

대학 수업에서 몇 명의 학생이 앞에 나와서 비언어를 사용하지 않는 회화를 진행한 적이 있다. 그렇지만 아무리 해도 비언어적 요소가 들어가게 되었다. 그때마다 주의를 주니 결국에는 회화가 전혀 불가능한 상태가 되어 버렸다. 그만큼 비언어동작은 무의식적으로 회화 속에 포함되어 있는 것이다.

이를 통해 비언어에 의한 커뮤니케이션의 중요성을 이해하였다. 앞에서 언급한 버드위스텔의 '우리가 하고 있는 커뮤니케이션의 65%는 비언어이다'라는 보고를 실감할 수 있을 것이다.

'존재한다'는 것만으로도 정보 발신

우리가 하는 커뮤니케이션에서 비언어에 의한 전달은 없어서는 안 되는 요소이다. 비언어에도 다양한 형태가 있는데 여기에서는 비언어 커뮤니케이션을 (1)신체동작, (2)신체적 특징, (3)접촉행동, (4)주변언어, (5)공간, (6)인공물의 6가지 카테고리로 나누어 주변에서 접할 수 있는 사례로 설명한다. 이 카테고리는 **냅(Knapp)의 분류**(1979)에 기초를 두고 있다.[47]

(1) 신체동작

몸의 움직임이나 변화에 따라 메시지를 전달하는 것으로 동작, 제스처, 자세, 표정, 시선 등이 있다. 많은 비언어 커뮤니케이션이 여기에 포함된다. 손동작인 OK 사인은 세계 공통이지만 나라에 따라 또 다른 의미가 있으므로 주의할 필요가 있다. 예를 들어 다음 나라에서는 어떤 의미로 OK 사인이 사용되고 있을까?

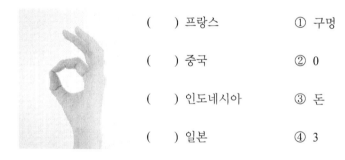

( ) 프랑스	① 구멍
( ) 중국	② 0
( ) 인도네시아	③ 돈
( ) 일본	④ 3

프랑스에서는 '0', 중국에서는 '3', 인도네시아에서는 '구멍', 일본이나 한국에서는 '돈'의 의미로 사용된다.

이 제스처의 차이로 생각지도 못한 오해가 생겼던 일을 태국 유학

---

[47] Knapp, M. L.(1979) 『人間関係における非言語情報伝達』牧野成一 · 牧野泰子訳(東海大学出版会)에 의함.

생이 이야기해 주었다. 이 유학생과 일본인이 점심을 먹을 장소를 찾고 있을 때의 일이다. 레스토랑 앞에서 일본인 친구에게 들어갈지 말지를 물어보았는데 OK 사인을 보여주어서 들어가서 함께 식사를 하였다. 그러나 그 뒤에 안 사실인데 일본인은 '가격이 조금 비싸다'라는 의미로 그 사인을 보냈다고 한다. 그것은 OK 사인이 아니라 돈이라는 의미였던 것이다.

이 정도는 작은 오해에 그치지만 남미에서 이 OK 사인을 위아래 반대로 해서 보여주면 뜻하지 않은 일이 일어난다. 남미 나라에서 이 사인은 항문을 의미하며 매우 심한 모욕감을 주는 것이기 때문이다. 미국에서 손가락 중지를 세워서 상대방을 욕하는 사인과 같은 의미인 것이다.

미국 마이크로소프트사의 빌게이츠 씨가 한국을 방문해서 박근혜 전 대통령과 만났을 때의 일이다. 빌게이츠 씨는 바지주머니에 왼손을 넣은 채로 대통령과 악수를 했다. 그런데 이 억만장자의 태연스런 악수에 한국 국민들은 격노하였고 다음날 신문 일면에 두 사람의 악수 장면이 톱기사로 장식되었다. 형식에 얽매이지 않는 행동은 미국 문화의 특징 중 하나이지만 유교문화권인 한국에서는 무례한 행동으로 보인 것이다.

대학에서 입학식이나 졸업식 등의 행사를 할 때 유학생들에게 드레스 코드와 함께 행사에서 어떻게 행동해야 하는지 미리 설명할 때가 있다. 앉아있을 때는 다리를 꼬지 않는다거나 자신의 이름이 불리면 '네'라고 답하고, 걷는 방식이나 머리를 숙이는 타이밍 등 우리가 어릴 때부터 자연스럽게 익혀온 행동은 일본의 독특한 동작이기 때문이다.

제스처에서 비롯된 이런 종류의 오해나 에피소드는 끝이 없다. 외국인이 잘 모르는 것들을 보면 일본인들은 웃는다. 일본인들은 재미있을 때뿐만 아니라 당황하거나 부끄러울 때도 잘 웃는다. 중학교에서 영어를 가르치는 한 외국인 교사는 수업 중 학생이 곤란할 때 웃는 표정을 지어서 처음에는 당황했다고 한다.

예전에 내가 다녔던 직장에 있던 백인 브라질인이 타부서로 이동했는데 여직원들이 자신을 보고 소곤소곤대며 웃어서 놀리는 것 같아 화를 낸 적이 있었다고 한다. 실제로는 이 브라질인이 잘생겨서 직장여성들이 동요했던 것이었다. 그러고 보니 TV에 나오는 연예인들을 보고 설레서 소리를 내는 여성들도 같은 행동을 보인다. 도쿄에서는 그렇지 않지만 지방으로 가면 외국인이 잘 없어서 연예인 같은 취급을 받을 때도 있다.

어느 일본인이 미국에서 어린아이에게 이쪽으로 오라고 제스처를 했는데 아이가 울어버렸다는 이야기를 들은 적이 있다. 이것은 손등을 위로 해서 상대방을 부르는 일본식 제스처가 미국에서는 상대방을 내쫓을 때 사용하는 제스처와 비슷하기 때문이다. 미국에서는 손바닥을 위로 해서 부르는 것이 일반적이다.

윙크도 일본에서 하면 언짢게 여기지만 내가 브라질에 있을 때는 동성인 친구가 인사를 할 때 자주 사용했던 인사법이다. 일종의 눈인사 같은 느낌이다.

브라질에서 자주 사용되는 제스처는 엄지손가락을 치켜세우는 동작이다. 'GOOD'이나 '잘 지낸다'라는 의미로 사용되는데 나쁜 경우는 엄지손가락을 아래로 내린다. 길을 사이에 두고 인사를 할 때 엄지를 치켜세워 인사를 하는 사람을 자주 볼 수 있다.

또한 유럽이나 미국 사람들은 눈썹을 위아래로 움직이는 경우도 많다.

세계 각국에서 온 유학생들에게 눈썹을 한쪽만 움직일 수 있냐고 물어보면 할 수 있는 사람은 대부분 구미(欧美) 지역 학생들이다. 이것은 눈썹을 움직이는 것이 커뮤니케이션의 일부이기 때문이다. 나도 호주에 있을 때 호주인 친구와 복도에서 마주치면 상대방이 눈썹을 움직여 인사를 했던 기억이 있다. 일본인들이 가볍게 머리를 숙이는 느낌이다.

이 인사가 생각지도 못한 오해를 낳았다는 이야기를 들은 적이 있다. 일본의 중학교에 ALT(언어교육교원)로 온 미국인의 인사에 젊은 일본인 여성 교원이 불쾌감을 느끼고 함께 일하기 싫다고 이야기한 것이었다. 이 미국인은 일본어로 인사를 했다고 하는데 동시에 눈썹을 움직였고 이 비언어동작이 여성 교원을 불쾌하게 했다는 것이다. 이처럼 다른 문화권에서는 본인의 의도와는 다르게 메시지가 전달될 수 있으므로 주의할 필요가 있다.

(2) 신체적 특징

우리는 몸매, 피부색깔, 체취, 머리 색깔 등의 신체적 특징으로 메시지를 발신하고 있다. 예를 들어 몸이 큰 것은 상대방에게 위압감을 줄 수 있다. 키가 190cm에 머리를 빡빡 민 독일 유학생은 아무것도 하지 않아도 일본인들이 자신을 무서워한다고 한탄한다. 백인이나 흑인 등 일본인과는 피부색이 다른 인종은 일본에서는 상당히 눈에 띈다.

아프리카 출신의 흑인 유학생이 엘레베이터에서 내리려고 하자 엘레베이터를 기다리던 아이가 울어버렸다는 이야기를 직접 들은 적이 있다. 서양에서 온 외국인들은 일본인들이 자신들을 빤히 쳐다보는 것이 곤란하다고들 한다. 대도시에서는 그런 일이 없지만 지방에서는 버스나 전철 등에서 외국인 옆 자리가 비어 있어도 좀처럼 앉으려고 하지 않는다. 일본인은 이질적인 것을 피하려는 경향이 있다.

해당 국가의 사람들은 느끼지 못하지만 그들에게는 독특한 냄새가 있다. 서양인들은 냄새가 강하기 때문에 향수를 뿌리는 사람이 많다고 한다. 육식이 원인이라고도 하지만 채식주의자여도 냄새가 강한 사람이 있기 때문에 식습관만이 원인은 아닌 것 같다. 아프리카에 갔다 온 사람들은 냄새가 심해서 힘들었다고 흔히 이야기한다. 흑인-백인-아시아인의 순서대로 냄새가 강하다고 하는데 아시아인에게도 특유의 냄새가 있다.

그것은 그 나라의 식품과 밀접한 관계가 있다. 인도네시아나 태국에 가면 뭐라 말할 수 없는 향신료 향이 길가에 퍼져 있다. 마늘을 많이 사용하는 한국에서는 마늘 냄새가 나는 것으로 유명하다. 한국 출장에서 돌아온 남편에게서 마늘 냄새가 나서 놀랐다는 부인의 이야기를 들은 적이 있다. 그렇다면 일본인은 어떠할까? 실제 일본에도 어떤 냄새가 있다고 한다.

다음 중에서 일본의 냄새에는 어떤 것들이 있는지 ○를 표시해 보자.

(　　)　간장
(　　)　낫토
(　　)　미소(된장)
(　　)　곰팡이

몇 개가 해당된다고 생각하는가? 정답은 4개 전부이다. 즉 일본인

은 발효식품을 자주 먹기 때문에 그것이 일본을 대표하는 냄새라고 할 수 있다. 외국인들은 이 냄새가 신경이 쓰인다고 한다. 내가 호주에 있을 때 들은 이야기인데 호주인과 결혼한 일본 여성이 츠케모노(つけもの, 절임음식)가 먹고 싶어 남편 몰래 비닐로 몇 겹이나 싸서 냉장고 속에 숨겨 놓았다고 했다. 그런데 호주인 남편이 이상한 냄새가 난다고 하며 소동을 피우고 냉장고 안에 있던 츠케모노를 꺼냈다고 한다. 그만큼 독특한 냄새가 났다는 것이다.

헤어스타일에 따라서도 그 사람의 이미지는 크게 바뀐다. 머리카락이 얇고 이마가 넓은 사람들은 나이가 더 들어 보인다. 서양인 중에서는 20대임에도 머리가 훤히 벗겨진 사람이 있다. 미국에서 유학하고 있을 때 대학 수업에 아저씨가 있다고 생각했는데 나와 비슷한 나이여서 깜짝 놀란 적이 있었다. 서양인들은 머리카락이 얇으면 빡빡 밀거나 스포츠형으로 짧은 머리를 하는 사람이 많은데 그런대로 잘 어울린다. 서양인의 두상은 앞에서 보면 작고 옆에서 보면 폭이 넓다. 얼굴의 굴곡도 있어서 민머리를 해도 보기가 좋다.

그에 반해 일본인은 어떠한가? 일본인 중에서도 가부키 배우인 이치카와 에비조(市川海老蔵) 씨나 탤런트인 이데 랏쿄(井手らっきょ) 씨처럼 민머리가 어울리는 사람들도 있지만 일본인의 민머리는 대체적으로 주지스님과 같은 느낌을 준다. 일본인의 머리는 가로 폭은 넓지만 앞뒤 폭이 좁기 때문이다. 얼굴의 굴곡도 적기 때문에 머리가 커 보이며 민머리가 어울리지 않는다.

2013년 1월, 충격적인 영상이 일본에서 전세계로 발신되었다. AKB48의 멤버 미네기시 미나미(峯岸みなみ) 씨의 민머리 모습이 유튜브 동영상에 등장한 것이다. 연애금지라는 행동규범을 위반한 것에

대해 스스로 책임지는 모습을 보이려고 머리를 밀었다고 하는 영상은 삭제되기까지 3일간 700만회 이상 조회되었다. 미국의 3개 네트워크 중 하나인 CNN은 마치 체면이 깎인 무사가 명예를 회복하려는 모습과 같다고 이 소식을 전했다. 영상은 곧 삭제되었지만 그녀의 민머리 사진은 지금도 인터넷 상에서 강한 메시지를 발신하고 있다.

(3) 접촉행동

악수나 키스, 포옹이나 팔짱을 끼는 신체접촉을 접촉행동이라 한다. 일반적으로 아시아 사람보다 서양인이 접촉행동을 하는 경우가 많다. 특히 라틴계 민족은 피부와 피부를 접촉하는 스킨십을 하지 않으면 인사 자체가 되지 않는다고 생각한다.

내가 체류한 적이 있는 브라질은 쾌활한 라틴문화의 전형적인 나라이다. 남자끼리는 반드시 악수를 하고 어깨와 등을 서로 두드린다. 오랜만에 만나는 경우에는 서로 꽉 껴안아 준다. 이성간이나 여자들끼리는 악수와 함께 키스를 한다. 키스라고는 하지만 닿을까 말까할 정도의 가벼운 키스를 쪽 소리를 내며 양쪽 볼에 하는 것이다. 리우데자네이루에서는 상대방의 왼쪽 볼, 오른쪽 볼을 번갈아 가며 양쪽을 다 하고, 상파울루에서는 왼쪽, 오른쪽, 왼쪽의 순서로 총 세 번이었던 것으로 기억한다.

일본인은 키스나 포옹을 바로 남녀 간의 친밀한 관계로 상상하지만 그러한 행위와는 전혀 관계가 없는 것이기 때문에 주의하는 것이 좋다. 키스도 입술과 입술이 닿는 것이 아니고 남녀 사이에 포옹할 때도 쇄골이 살짝 닿을 정도이다. 나이가 있는 브라질 여성 중에는 키스나 포옹을 세게 하는 사람도 있지만 이것도 애교일 뿐이다. 어디까지나 인사표현이기 때문에 싫은 감정을 보이면 상대에게 불쾌감을 주기 때문에 주의할 필요가 있다.

일본은 '오지기(お辞儀)'라는 허리를 굽히는 인사문화여서 피부를 서로 접촉하는 경우는 거의 없다. 스킨십이 익숙한 외국인의 입장에서 보면 인간관계가 차갑다고 느껴질 수 있다. 루마니아에서 온 여자 유학생이 친해진 일본인의 아이에게 키스를 하려고 하자 아이가 싫어했다고 속상한 듯이 이야기했다. 2장에서도 살펴본 바와 같이 어느 대학의 여성 교원이 독일에서 열린 국제회의에 출석해서 독일에 유학하고 있던 딸과 재회했는데 서로 포옹하지 않는 두 사람의 인사에 독일인 친구는 충격을 받았다고 이야기한다.

호주의 대학에서 일본 유학 경험이 있는 청년과 만난 적이 있다. 일본의 고등학교에서 1년간 공부하고 호주로 귀국한지 얼마 되지 않은 때였다. 캠퍼스 내에서 그를 마주치면 항상 자전거를 타면서 머리를 꾸벅 숙여서 인사를 했다. 그 동작이 호주에서는 굉장히 신기하게 보였다.

한편 한국에서는 여성들을 주의 깊게 관찰해 보면 일본에서는 거의 볼 수 없는 행동을 목격할 수 있다. 어떤 행동인지 다음 문제 중에 정답을 찾아보자.

(   ) 여자가 남자보다 앞에서 걷는다.

(   ) 여자 둘이서 손을 잡고 걷는다.

(   ) 여자가 혼자서 노래방에 간다.

(   ) 여자가 아버지와 쇼핑을 한다.

정답은 '여자 둘이서 손을 잡고 걷는다'이다. 한국에서는 친한 여자들끼리는 손을 잡거나 팔짱을 끼고 걷는다. 일본으로 유학 온 한국인 여학생이 일본인 학생과 친해져서 손을 잡으려고 하자 넌지시 거절을 당해 충격을 받았다는 이야기를 들은 적이 있다. 일본에서는 여자들끼리는 거의 손을 잡지 않기 때문에 한국 여성들은 이 점을 주의할 필요가 있다.

(4) 주변언어

언어 이외의 소리를 주변언어(paralanguage)라고 한다. 소리의 질이나 상태(톤이나 음의 높낮이), 재채기, 기침, 웃음소리, 휘파람, 핑거스냅(손가락으로 딱소리를 내는 것), 침묵 등이 여기에 속한다.

예를 들어 '바보'라는 말이라도 상대방을 호통칠 때, 어이가 없을 때, 농담으로 말할 때, 토라질 때, 응석을 부릴 때, 친근함을 표시할 때 등 상황에 따라서 소리의 질이나 높낮이가 다르다. 이와 같은 차이가 주변언어가 되는 것이다. 다만 이 비언어 커뮤니케이션은 자신과 상대방이 같이 이해해야 비로소 성립하는 것이기 때문에 주변언어에 의한 메시지가 상대방에게 항상 올바르게 전달되지는 않는다.

오래된 이야기이지만 예전 롯데 오리온즈(현재 지바 롯데마린스)라는 프로야구팀에 가네다 마사이치(金田正一)라는 감독이 있었다. 그는 심판을 향해서 "どこ見とんじゃ、ばかやろう(어딜 보고 있는 거야? 이 멍청이)"라고 발언해서 퇴장 처분을 받은 적이 있다.

가네다 씨는 기질이 드세서 감독 시절에 퇴장 처분을 8차례나 받았지만 그는 평소 대화에서도 "ばかやろう(바보, 멍청이)"라는 표현을 자주 썼다. 친구인 프로레슬러 역도산(力道山)의 갑작스러운 죽음을 듣고 병원에 달려갔을 때도 가네다 씨는 "このばかやろう! ばかやろう! (이 바보 같은 놈)"라고 울부짖었다고 한다.

입이 험한 가네다 씨의 입장에서 보면 'ばかやろう(바보, 멍청이)'는 친근함을 나타내는 표현일지도 모른다. 사실 그 후에 그 심판에게 "너는 대학을 나왔지? 'ばかやろう'라고 해서 미안했어. 'ヘタクソ!(서투른 놈)'라고 말할 걸 그랬네."라고 말했다고 한다. 가네다 씨 입장에서는 평상시에 자주 쓰는 실없는 말이겠지만 심판의 입장에서는 'ばかやろう'나 'ヘタクソ' 모두 심판에 대한 모욕으로 들렸을 것이다.

가네다 씨의 친근함이 담긴 기분은 아쉽게도 심판에게는 전달되지 못했지만 말이 가지는 의미는 주변언어에 따라서 크게 달라진다. '회화의 65%는 비언어'에서도 소개했듯이 'にわにわにわとりがいる'의 의미를 정확하게 전달하려면 고저악센트라는 주변언어가 없어서는 안 된다.

우리는 일상생활 속에서 이 주변언어를 의식적으로 구별해서 사용하는 경우가 있다. 예를 들어 나는 전화 통화를 할 때 평상시와 같이 말하면 상당히 저음으로 들리기 때문에 조금 높은 톤으로 말하려고 한다. 아내의 전화통화를 듣고 있으면 재미있게 느껴진다. 1옥타브 정도 높아지기 때문이다. 지금까지 관찰한 바로는 여성들은 대부분 전화통화에서 목소리 톤이 높아진다. 이것은 단순한 나의 느낌이 아니라 일반적으로 일본에서는 전화통화에서 높은 톤을 낸다는 것이 잡지나 인터넷에서도 지적되고 있다. 높은 톤의 목소리가 상냥하게 들리기 때문일지도 모르겠다.

어느 TV프로그램에서 기내승무원을 양성하는 강좌의 모습을 소개했다. 기내 방송을 하는 방법을 연습하고 있었는데 수강생들의 기내 방송은 질책을 받았다. 평상시 말투보다 한 옥타브를 올려서 말하도록 지도를 받고 있는 것이 인상적이었다.

그러나 미국에서는 정반대이다. 높은 목소리는 품위가 없다는 인상을 주기 때문에 인텔리 여성들은 가급적 낮은 톤으로 말하려고 노력한다. 뉴스 진행자, 기자, 해설자, 정치인들까지 높은 톤으로 이야기하는 여성은 없다. 문화적 차이지만 미국에 가려는 일본 여성들은 자신의 목소리 상태에 주의하는 것이 좋을 듯하다. 일본에서 말하는 것과 같은 톤으로 영어를 하면 경박한 여성으로 보일지도 모른다.

일본에서는 화장실에서 몇 번이나 물을 내리는 여성이 화제가 되었던 적이 있다. 화장실에 들어가서 옷을 벗는 소리를 없애고자 한 번, 볼 일을 보는 소리를 없애려고 한 번, 마지막으로 용변을 본 다음 일련의 동작음을 없애고자 한 번, 총 세 번이나 물을 내린다고 한다. 이러한 화장실 안에서의 모습을 감추려고 물을 내리는 소리는 주변언어의 좋은 사례가 된다.

어느 유명한 위생도기 회사에서는 화장실 물 내리는 소리와 닮은 휴대용 소리장치를 고안하여 1988년부터 판매하기 시작했는데 총 판매대수가 100만대를 넘었다고 한다. 이 이야기를 유학생들에게 하면 딱히 필요하다고 생각하지 않는다는 의견이 압도적이다. 따라서 이것은 일본인들의 주변을 배려하는 독특한 주변언어의 하나라고 할 수 있을 것이다.

해외에서 온 유학생에게 일본인의 비언어 커뮤니케이션 중에서 가장 싫은 것이 무엇인가 묻는 설문조사가 있었는데 그 중 최악의 세 가지를 제시한다. 여러분은 무엇이 최악이라고 생각하는가?

(   ) 마스크를 착용하는 것

(   ) 기립, 인사, 착석하기

(   ) 코를 훌쩍거리는 것

   유학생이 가장 싫어하는 것은 '코를 훌쩍거리는' 소리였다. 이 소리도 주변언어가 된다. 감기에 걸린 사람이나 꽃가루 알레르기가 있는 사람이 코를 훌쩍거리는 것을 자주 볼 수 있는데 외국인에게는 듣고 있기 힘든 소리인 모양이다. 훌쩍거리지 말고 티슈로 코를 닦아주면 좋겠다고들 한다. 덧붙여 두 번째는 '마스크를 착용하는 것'으로 마스크를 한 사람들은 중증환자를 연상시킨다고 한다. 세 번째로 '기립, 인사, 착석하기'는 군대와 같은 모습이라 싫다는 의견이었다.

   '코를 훌쩍거린다'에 관해서 일본에서 사용되는 티슈는 너무 얇다고 서양 유학생들은 불평을 한다. 유럽에서는 좀 더 두꺼운 종이를 사용한다며 냅킨과 비슷한 두툼한 티슈를 보여 주었다. 유럽 사람들이 콧물이 많이 나오니까 그렇지라며 농담을 했지만 잘 생각해 보니 확실히 일본의 티슈는 얇아서 두 장으로 코를 풀었던 것이 생각났다.

   내가 호주에서 유학하고 있을 때 어느 호주 대학생이 손수건으로 코를 풀던 모습이 떠오른다. 코를 풀고 난 다음 그대로 손수건을 둥글게 접어서 자신의 주머니에 넣고 또 그 손수건을 꺼내서 코를 푸는 것이었다. 일본인의 입장에서 보면 역겨운 광경이지만 그들은 아무렇지도 않은 것 같았다. 유럽 학생들에게 물어보니 독일이나 체코, 프랑스에서도 같은 행동을 한다고 한다. '장소가 달라지면 풍속도 달라진다'까지는 아니지만 코를 푸는 문화도 여러 가지이다.

   재채기라는 주변언어도 일본과 외국은 크게 다르다. 일본인들은

'ハックション(핫쿠숀)'이라고 하지만 서양인들은 'アチュウ(아츄)'라고 한다. 내가 관찰한 바로는 몸의 생체반응을 방해하지 않고 그대로 뱉어내면 '핫쿠숀'이 되고 그것을 참고 작은 소리를 내면 '아츄'가 된다. 꽃가루 알레르기의 계절이 되면 곳곳에서 '핫쿠숀'을 연발하는 일본인이 있지만 해외에서는 본 적이 없다. 그보다 입안에서 재채기를 꾹 참기 때문에 '아츄'라든가 '잇츄'와 같이 들린다.

이 주변언어와 관련한 재미있는 이야기가 있다. 내가 유학생으로 호주 시드니에 살 때의 일이다. 랜드윅(Randwick)이라는 지역에 있는 집의 방 하나를 빌려 살았다. 그 집의 주인은 랑구스 레이라는 동유럽 출신의 여성이었다. 그녀가 내 이름을 부를 때 'つ(츠)' 발음을 잘 못해서 'いつお(이츠오)'라는 이름이 좀처럼 발음되지 않았다. 'いつお(이츠오)'가 'いっちゅう(잇츄)'가 되어버리는 것이다. 그래서 나는 레이 씨로부터 '잇츄'라고 불렸었다.

어느 날 방에서 공부를 하고 있었는데 레이 씨가 나를 불렀다. 그녀의 방에 가서 무슨 일인지 묻자 그녀는 부르지 않았다고 하는 것이다. 잘못 들었나 싶어 방으로 돌아왔는데 또 내 이름을 부르는 것이었다. 이번에는 틀림없다고 생각해서 "확실히 내 이름을 불렀잖아!"라고 하자 레이 씨는 "아니야, 정말 부른 적 없어."라고 하였다. 생각해 보니 레이 씨가 재채기를 했던 것이었다. 레이 씨의 재채기 소리가 내 이름인 '잇츄'로 들렸던 것이었다.

그 후 나는 호주인에게 자기소개를 할 때 이 일화를 소개하면 모두 나를 'Mr. sneeze(재채기 씨)'라고 하고 바로 내 이름을 외워 주었다. 전화위복이란 말이 있는 것처럼 내 이름은 외국인에게는 어렵지만 재채기 소리와 닮아서 그래도 기억해 주는 것이다.

'이츠오'뿐만 아니라 '아츠오'라는 이름도 재채기 소리와 닮아서 나와 같은 농담을 한 번 해 보길 권한다. 'つ(츠)' 발음을 힘들어 하는 외국인들이 많고 일본어교육에서는 한국인들이 어려워하는 것으로 유명하다. 그래서 아이가 생겼을 때는 나와 같은 경험을 시키고 싶지 않아서 아이 이름에 'つ(츠)'가 들어가지 않도록 궁리했다. 세 명의 아들 이름은 'ゆうき(유키)', 'りょうた(료타)', 'こうへい(고헤이)'이다.

나이가 있는 남성들이 이야기할 때 사용하는 특징적인 주변언어가 있다. 나는 이 사실을 어느 일본어 교육자의 책을 읽기 전까지는 인식하지 못했는데 그러고 보니 확실히 중년의 남성들은 무의식적으로 자주 사용한다. 그것은 바로 이야기 중간에 숨을 들이마시는 소리이다. 이렇게 이야기해도 독자들은 무슨 의미인가 잘 이해가 가지 않겠지만 나이든 사람들의 말투를 잘 관찰해 보면 알 수 있다. 말하는 사이에 꼭 'ス-(스)'나 'ズ-(즈)'라는 소리를 숨을 들이마시면서 낸다.

브라질인 연수생 제자 중에 평상시의 일본어 성적은 그다지 좋지 않지만 그런 쪽으로는 신기하게 센스가 있는 학생이 있었다. 바로 그 말투를 그대로 흉내 내서 말하는 것을 보았을 때는 순간 웃음을 터트리고 말았다. 마치 나이가 있는 일본 남성이 이야기하고 있는 것처럼 보였기 때문이다. 말이라는 것은 음성 자체보다도 음의 높낮이라든가 리듬, 톤(tone) 등 주변언어의 요소가 상당히 중요한 것이다.

이것도 어디서 읽은 이야기인데 어느 일본인 여성이 미국여행을 갔을 때 맥도날드에 들어갔다. 그녀는 카운터에서 먼저 자신이 가지고 있는 여행자수표를 사용할 수 있는지 확인하고자 "Traveler's Check?"라고 물었다고 한다. 잠시 후 그 여성 앞에는 맛있어 보이는 'Strawberry Shake'가 나왔고 그 여성은 어쩔 수 없이 현금을 내고 먹었다고 한다.

여기서의 포인트는 아마도 이 일본인 여성의 발음이 나빠서 일 텐데 특히 'traveler'에는 일본인이 잘 발음하지 못하는 'v'와 'l' 음이 있어 의미가 통하지 않았다고 생각할 수 있다. 그런데 왜 점원은 '딸기쉐이크'를 가지고 왔을까? 그것은 억양이 비슷하기 때문이다. "Traveler's Check?"라고 물어본 일본인 여성의 인토네이션과 "Strawberry Shake?"의 인토네이션이 딱 들어맞던 것이다. 이와 같이 회화는 언어뿐만이 아니라 비언어적 부분으로 상당히 보충된다는 사실을 이 이야기를 통해 알 수 있다.

마지막으로 일본인들이 깨닫지 못하는 주변언어로 발을 끌듯이 걷는 걸음걸이가 있다. 조리(草履, 가라신)를 신고 걸을 때를 생각해 보자. 걸을 때 완전히 지면에서 떼서 걷는가? 발목은 올리더라도 조리는 지면에 붙은 채로 끄는 듯이 걸을 것이다.

보통의 신발을 신을 때는 그렇게 걷는 사람이 드물지만 집 안에서는 슬리퍼를 신는 경우도 있어서 이렇게 걷는 사람들이 많이 있다. 예전에 스모 선수 일행과 마주친 적이 있는데 셋타(雪駄, 눈이 올 때 신는 신발)를 신고 걷는 그 발걸음 소리는 아직도 잊히지 않는다.

내가 미국의 사우스캐롤라이나대학에 유학하고 있을 때 대학 기숙사에서 영국인, 터키인과 함께 생활한 적이 있다. 공동거실, 주방, 화장실이 있어 모두 함께 사용했지만 어느 날 갑자기 터키인 친구가 "제발 그 걷는 소리 안 나게 해줘."라고 강하게 말해서 놀란 적이 있다.

나는 방 안에서는 일본식 슬리퍼를 신었었는데 터키인 친구가 말하기까지 발끝을 끌면서 걷고 있다는 의식이 전혀 없었다. 듣고 보니 확실히 발을 끌면서 걷고 있었다. 이 터키인은 훨씬 이전부터 계속 참고 있었던 것 같았는데 결국에는 더 이상 참지 못하겠다는 느낌의 말투여서 나도 정말 놀랐었다.

주변언어의 예를 생각하고 있으면 여러 화제가 끊임없이 떠오르는 것이 신기하다. 그만큼 커뮤니케이션에서 주변언어가 중요하다는 반증일 것이다. 지금 또 생각난 것이 자동차 경적 이야기이다.

동남아시아에 가면 여기저기에서 경적음이 들린다. 택시를 타면 거의 대부분 경적을 울리면서 달린다는 것을 잘 알 수 있다. 그런데 웬일인지 일본은 조용하다. 왜 일본인들은 경적을 울리지 않는지 유학생들은 의아해한다. 자국에서는 금방 안달이 나서 경적을 울리지만 일본인들은 정말 인내심이 강하고 예의가 바르다는 칭찬으로 이어진다.

(5) 공간

아무것도 없는 공간이 왜 비언어 커뮤니케이션이 되는 것인지 의문을 느낄지도 모르겠다. 하지만 공간은 비언어 요소 중에서도 중요한 위치를 차지하고 있다. 공간을 나타내는 대표적인 것으로 **대인거리**가 있다. 미국의 문화인류학자 **에드워드 홀**은 우리의 대인거리를 ①밀접거리(극히 친한 사람에게 허용되는 거리), ②개체거리(상대방의 표정을 읽을 수 있는 거리), ③사회거리(상대에게 손이 닿기는 어렵지만 쉽게 대화를 할 수 있는 거리), ④공중거리(복수의 상대를 바라볼 수 있는 거리) 4가지로 분류하였다.[48]

---

[48] 야시로 쿄코 외(八代京子ほか, 2009)『異文化トレーニング[改正判]ーボーダレス社会を生きる』三修社(p.140)를 참고하였음.

홀은 미국의 백인을 대상으로 조사한 결과를 발표하였는데 흑인의 대인거리는 조금 더 가깝다고 한다. 일본인은 접촉행동이 적기 때문에 다른 나라와 비교하면 상대적으로 대인거리가 넓다. 다만 대인거리는 남녀 사이나 개인에 따라서 크게 다르기 때문에 한마디로 이렇다고 결론지을 수는 없다. 대체로 남자보다 여자들의 대인거리가 가까운 것 같다.

내 경험으로는 라틴계, 아랍계, 동남아시아계 사람들의 대인거리는 일본인보다 가까운 느낌이다. 브라질에 있었을 때는 스킨십이 강한 인사도 있고 꽤 가까운 거리에서 친구들과 이야기를 한다는 인상을 받았다. 미국의 대학에서 공부할 때는 아랍계 사람들과의 대화에서 종종 압박감을 느끼곤 했다. 동남아시아계 유학생들은 수업 후에 질문하러 올 때 꽤나 가깝게 교사에게 접근하는 일이 있다. 거리를 유지하려고 뒤로 가면 더욱 가깝게 다가오는 것을 일본어교사라면 경험한 적이 있을 것이다.

이 대인거리에 관해 서양인이 가장 괴로워하는 일본의 습관은 무엇일까? 하나만 선택해 보자.

(　　) 인사
(　　) 만원전철
(　　) 넓은 공간에서의 업무
(　　) 명함교환

정답은 '만원전철'이다. 서양인들이 도쿄에 와서 처음 러시아워를 경험하면 공포감마저 느낀다고 한다. 서양인들은 친한 사람들끼리는 밀접거리가 꽤 가깝지만 모르는 사람에게는 절대로 가까이 가지 않기 때문이다. 가까이 있는 것만으로 불안감을 느낀다고 한다. 그러니 일면식도 없는 사람들과 몸을 붙이고 있는 상황은 그들의 감각에서는 도저히 생각할 수 없는 일인 것이다.

인터넷 사이트에서 어느 서양의 컨설턴트가 일본인과의 대인거리에 관해 흥미로운 체험담을 게재한 내용을 소개한다. 일본의 러시아워를 체험한 어느 서양 남성은 전혀 모르는 사람과 이렇게 가깝게 접근했기 때문에 앞으로 친해진다면 더 가까이 접근해도 괜찮을 것이라고 생각했다. 몇 개월 후 일본인과 친한 친구가 된 이 남성은 모국에서 하듯이 스킨십이 강한 인사를 하게 되었다.

그 후 이 일본인 친구가 다른 친구를 소개해 주었고 그 때 이 친구는 상대에게 일본어로 이렇게 속삭였다고 한다. "조심해 저 사람 애정 표현이 조금 과하니까." 이 서양인 남자는 무슨 말을 했는지 궁금해서 진상을 캐보니 그제야 진실을 알게 되었다.

즉 서양 남성이 친구에게 했던 친밀한 인사는 사실은 일본인 친구를 꽤나 당혹하게 했던 것이다. 지금에야 웃을 수 있지만 그 후 이 남성은 새로운 일본인 친구에게 너무 가까이 다가가지 않도록 조심하고 있다고 한다. 다만 처음 친하게 된 친구에게만은 예외적으로 그 이후에도 모국에서 하듯이 인사를 계속하고 있다는 것이다.

공간에 대해 내가 유학생을 관찰하며 느낀 것은 대학 강의실에서 자리가 많이 비어 있는 경우 일본인들은 사이가 좋아도 두 사람 사이에 한 자리를 비워 두고 거기에 짐을 두고 앉는 것이 보통이다. 그러나 중국인들은 옆에 붙어서 앉는 경우가 많다. 그만큼 일본인이 대인거리를 넓게 유지하고 있다고 할 수 있다.

또 흔히 유학생이 의아해하는 것이 일본인들의 손날을 세우는 동작이

다. 자신이 앉아 있는 눈앞에서 일본인이 무언가 손을 흔드는 것 같았는데 그것이 어떤 의미인지 물어보는 경우가 있다. 일본인들은 다른 사람의 앞 공간을 지나갈 때 손날을 세워서 지나가는 경우가 있는데 '앞을 지나가겠습니다'라는 의미로 예의를 갖춘 행동이다.

집 정원을 보아도 서양과 일본은 공간에 대한 사고방식이 다르다는 것을 알 수 있다. 서양은 오픈 형태가 많고 집 앞을 펜스 등으로 둘러싸지 않는 것이 보통이지만 일본은 집 앞을 펜스로 둘러싸는 것이 일반적이다. 서양에서는 반대로 뒤뜰을 만들고 그 주변에 펜스를 치는 것을 본 적이 있다. 다만 최근에는 일본에서도 오픈 형태의 건물이 늘어나고 있기 때문에 공간에 대한 사고방식이 바뀌고 있는지도 모르겠다.

공간의 경우 일하는 환경과도 크게 관련이 있다. 개별 공간이 기본인 서양에 비해 일본에서는 넓은 공간에서 함께 일을 한다. 전형적인 미국 사무실에서는 개개인의 자리가 파티션으로 구분되어 있고 매니저급에게는 개인 방이 주어진다. 이에 반해 일본에서는 하나의 넓은 공간에 다수의 사람이 있는 스타일이 많고 매니저는 전체를 바라볼 수 있는 위치에 자리하는 것이 일반적이다. 대단한 상급자가 아닌 이상 개인 방에 틀어박히는 일은 없다.

개별 공간을 배정받은 상사가 일부러 공동 공간으로 자신의 책상을 이동시키고 개별 공간은 짐을 넣어두는 곳으로 이용하는 것을 몇 차례인가 본 적이 있다. 혼자서 일하는 것에 익숙하지 않은 일본인이 많다는 것을 알 수 있는 대목이다.

한편 최근에는 반대로 파티션을 나누지 않으면 일에 집중할 수 없다는 젊은 사람들도 늘어났다고 한다. 다만 그룹으로 일하는 문화는 현재에도 여전하기 때문에 넓은 공간에서 일하는 스타일은 앞으로도 계속 이어질 것이라 생각된다.

넓은 공간이라는 발상과 닮은 것이 병원에서의 진료이다. 최근에는 개별공간도 늘어나고 있는 추세지만 아직도 천으로 된 칸막이로 진료실과 대기실을 구분하는 곳도 있어 안쪽 대기실에서 기다리고 있는 사람에게 진료실의 대화 내용이 그대로 전달되는 경우가 종종 있다. 특히 치과에서는 넓은 공간에 3~4명이 각각 진료의자에 앉아 있고 의사가 환자를 찾아가서 치료를 하는 경우가 많다. 한 공간에서의 대화가 그대로 전달되기 때문에 프라이버시는 거의 없다고 봐도 될 것이다.

이와 같은 공간을 나누는 방식은 단일 민족이 가족과 같이 안전하게 생활해 온 문화 위에 뿌리를 두고 있다. 일본인들끼리라면 수상한 사람은 없다고 생각하기 때문에 옆에 다른 사람이 있어도 그렇게 신경이 쓰이지 않는다. 만원전철에서 다른 사람과 붙어 있을 수 있는 것도 서로에게 해가 되지 않는다는 신뢰감이 있기 때문이다. 다른 사람에 대해 공포감을 느끼는 서양인들과는 달리 일본에서는 편하게 지낼 수 있는 환경이 아직 갖추어져 있다고 할 수 있다.

공간을 공유한다는 생각은 직장이나 병원뿐만 아니라 일본정원 등에서 수용하고 있는 샷케이(借景, 먼 산이나 자연의 경치를 정원의 일부로 생각하는 것)라는 개념과도 관련이 있다. 먼 공간도 자신의 정원 안에 넣어서 표현하려는 문화는 자연과 일체화하고자 하는 일본인들의 인생관을 표현하는 것인지도 모른다.

(6) 인공물

복장이나 장식품, 화장품, 향수 등 그 사람이 몸에 지니고 있는 것도 이미지를 만드는데 역할을 한다. 특히 그 사람이 입고 있는 옷은 다양한 메시지를 전달하고 있다. 제복이 많은 일본은 아이들의 경우 초등학생인지 중학생인지 고등학생인지 한눈에 알아볼 수 있다. 어느 학교인지 알아보는 것도 어렵지 않다. 어른이라도 양복을 입고 있다면 대개의 경우 샐러리맨이며 회사 배지를 하고 있으면 회사 이름도 알 수 있다.

많은 블루컬러(육체적인 노동을 하는 계층) 사람은 회사명이 들어간 작업복을 입고 있고 회사명이 적힌 자동차를 타기 때문에 어느 회사 소속인지 대체로 알 수 있다. 목수, 미장공, 토목공, 페인트공, 다다미장인, 기와장인 등 그 복장을 살펴보면 대체적으로 어떤 직종의 일을 하고 있는지 예측이 가능하다. 일본인들이 제복을 좋아하는 것은 어쩌면 안심하고 살아가려고 서로가 어떤 사람인지를 알려주는 지혜일지도 모른다.

일본인의 인공물에 관해 유학생이 대학생활에서 놀라는 것이 있다. 아래 중에서 하나를 골라보자.

(　　) 학생들의 가방
(　　) 학생들의 머리 색깔
(　　) 휴대전화
(　　) 여학생들의 패션

유학생들이 일본에서의 대학생활 중에서 놀라는 것은 '여학생들의 패션'이다. 모두 신경 써서 옷을 입고 꾸미기 때문이다. 어느 중국인 유학생은 마치 패션쇼를 보고 있는 것 같은 느낌을 받았다고 이야기해 주었다. 그 학생의 감각으로는 명품을 걸치고 있는 일본 여대생들은 마치 패션잡지에 나오는 모델과 같은 느낌일지도 모른다.

서양의 대학에서는 여학생들이라도 패션에 그렇게 관심을 두지 않는다. 미국의 유학생에 의하면 미국 대학생들의 전형적인 패션은 청바지(또는 숏팬츠)에 T셔츠라고 한다. 그래서 일본 여대생들의 패션에 놀란다고 이야기한다.

반대로 생각해서 일본인 학생이 미국 대학에 유학을 갔다고 가정해 보자. 거기에서 일본의 여학생은 패션으로 꽤나 주목을 받게 될 것이다. 한눈에 일본인이라는 것을 알아챌 것이다. 이것은 안전 면에서 보면 매우 위험한 일이다. 외국의 범죄자가 봤을 때 일본인은 쉽게 표적이 되기 때문이다. 일본이라는 비교적 안전한 사회에 푹 빠져 있던 일본인들은 빈틈이 많아 쉽게 표적이 되는 것이다.

표적이 되지 않으려면 눈에 띄어서는 안 된다. 미국인처럼 청바지에 T셔츠를 걸치면 동양계 미국인으로 보여 드러나 보이지 않는다. 해외에서 장기간 유학하는 여학생에게 항상 이야기하는 것이 있다. 그 지역에 익숙해질 때까지는 눈에 띄지 않게 행동하라는 것이다. 일본의 패션은 잠시 접어두고 현지인처럼 심플한 모습을 하라는 것이다. 거기에서 살고 그곳 지역의 모습을 이해하며 무엇이 위험한지 알게 되면 그때부터 조금씩 자신을 표출해도 좋다고 생각한다. 낯선 땅에서는 어떻게든 눈에 띄지 않는 것이 위험으로부터 자신을 지킬 수 있는 방법이다.

안경의 경우도 예전부터 멋으로 쓰는 안경이 있는 것처럼 분위기를 바꾸고자 쓰는 사람이 많이 있다. 연예인이나 개그맨 중에서는 특징 있는 안경으로 자신을 어필하는 사람도 많다. 오하시 쿄센(大橋巨泉) 씨는 안경에 렌즈가 없는 것으로 유명하고, 쇼후쿠테이 쇼헤이(笑福 亭笑瓶) 씨의 뿔테 안경이나 오리엔탈 라디오의 후지모리 신고(藤森 慎吾) 씨의 짙은 녹색 안경 등 연예인들의 특징 있는 안경은 수없이 많다.

같은 안경이라도 선글라스는 강한 이미지를 준다. 가장 유명한 것은 탤런트인 다모리(タモリ) 씨일 것이다. 다모리 씨는 선글라스를 절대로 벗지 않는 것으로 유명하다. 다모리=선글라스라고 이야기할 수 있을 정도이다. 다운타운 부기부기밴드의 우자키 류도(宇崎竜童) 씨도 오랜 기간 선글라스를 쓰고 있었는데 처음으로 선글라스를 벗은 얼굴을 봤을 때 이미지와 너무 차이가 나서 놀란 적이 있었다. 강한 이미지와는 다르게 온화한 아저씨의 눈을 하고 있었다.

화장도 큰 비언어 메시지가 된다. 일본 여성은 비교적 옅고 자연스러운 느낌의 화장을 선호하지만 외국 여성들은 이목구비를 확실히 하는 짙은 화장을 한다. 어느 TV방송에서 외국 항공회사에서 일하는 예비 승무원들의 연수과정을 소개한 프로그램을 본 적이 있다. 일본 여성의 화장은 아이라인을 확실하게 그리는 짙은 화장으로 여지없이 바뀌었다. 문화의 차이라는 것은 참 재미있다는 생각이 들었다.

전철 내에서 화장하는 것도 일본 여성뿐이다. 외국의 경우 공공장소에서 화장하는 사람은 술집 여성이라는 이미지가 있기 때문에 여성들은 결코 사람들 앞에서 화장을 하지 않는다. 나는 전철로 통근하면서 가끔 여성들이 화장하는 장면을 목격한다. 시간이 없어 어쩔 수 없이 전철 안에서 화장을 한다기 보다는 통근이나 통학시간이 화장하는 시간이 되어 버린 사람들이 적지 않다. 도쿄나 오사카 등의 만원전철에서는 힘들겠지만 지방에서는 빈자리가 있어서 메이크업 장소로는 최적일지도 모른다.

향수도 인공물에 포함되지만 일본에서는 사용하는 사람이 그다지 많지 않다. 향수보다는 머리가 긴 젊은 여성과 스쳐지나갈 때 린스 향이 나는 경우가 있다. 나이가 있는 남성들은 머리에 뿌리는 포마드 향이 난다. 일본에서는 향수보다도 린스나 헤어스프레이, 모발제품 등의 향이 향수를 대체하고 있는 것 같다.

일본에서 향수는 화장품의 일부로 판매되며 전체 매출의 2~3%에 지나지 않는다고 한다. 이에 비해 유럽에서 향수는 화장품에서 독립하여 판매량이 화장품에 거의 필적할 정도라고 한다. 유럽은 습도가 낮고 그다지 땀을 흘리지 않기 때문에 욕조에도 잘 들어가지 않는다. 그래서 향수로 차림새를 단정히 하는 문화가 발달했다고 한다.

패싱(passing)49의 의미

이상 6가지 비언어 커뮤니케이션을 통해 언어 이상으로 다양한 메시지가 전달되고 있음을 확인하였다. 이들 비언어 메시지는 무의식적으로 상대에게 전달되고 있기 때문에 자신이 무언가를 전달하고 있다고 하는 자각은 거의 없다. 자신이 소속된 문화 안에서는 크게 문제가

---

49 [역주] 운전 중에 전조등을 순간적으로 상향등으로 점멸시키는 것.

없을지도 모르지만 문화가 다르다면 뜻하지 않은 일이 일어나는 경우가 있다.

나는 대학을 졸업하자마자 브라질로 건너가 그곳에서 2년을 보냈다. 브라질 사람들의 운전매너는 결코 좋은 편이 아니다. 노상주차가 많은 브라질에서는 도로 전체에 가득히 차가 세워져 있다. 거기에서 주차 장소를 찾는 것은 여간 힘든 일이 아니다. 공간이 있더라도 차를 세울 공간이 좁은 경우, 주차된 차를 자신의 차 범퍼로 밀어서 공간을 확보하는 경우도 있다.

처음 이 모습을 보았을 때는 놀랐지만 익숙해지고 나서는 그러려니 생각했다. 또 상대에게 주의를 주는 경우 순간적으로 상향등을 점멸시켜 자신 쪽이 우선이라는 것을 표시하기도 한다. 이러한 행위가 브라질에서는 상대에게 주의를 줄 때 사용하는 메시지였던 것이다. 나는 이러한 브라질식 비언어동작을 익혀서 일본에 돌아왔다.

일본에 돌아온 지 얼마 안 되던 때였다. 신호가 없는 산 위의 교차로에서 우회전하려던 차에 좌측에서 차가 오는 것이 보였다. 나는 이 차에 브라질 식으로 주의를 주는 사인을 바로 보냈다. 순간적으로 상향등을 점멸시켜 내차가 우선이라는 것을 알리고 통과하려고 했다. 그 순간 믿을 수 없는 일이 발생했다. 오른쪽에서 오던 차량이 맹렬한 스피드로 내 앞을 지나간 것이었다. 다행히 엑셀을 밟는 것이 늦어서 충돌은 면했지만 만약 늦지 않았다면 큰 사고로 이어질 뻔했다. 나는 그때 무슨 일이 일어났는지 그 자리에서는 이해할 수 없었다. 일본에서는 패싱이라는 것이 상대방에게 먼저 가라는 신호로 사용된다는 것을 몰랐던 것이다. 일본과 브라질의 비언어 커뮤니케이션의 차이가 어처구니없는 큰 사고로 이어질 뻔했던 것이다.

일본인의 걸음걸이

일본인들만 하는 비언어행동을 찾아보면 어떤 것들이 있을까? 일본인 특유의 비언어동작은 실제로 많이 있다. 몇 가지 사례를 소개한다.[50]

(1) 팔로 ○나 × 사인을 만든다. ― 'OK'와 '안 된다'

(2) 얼굴 앞에서 손을 좌우로 흔든다. ― '안 돼', 'NO'

(3) 머리를 긁는다. ― '쑥스럽다, 창피하다'

(4) 엄지, 검지 순으로 손가락을 접고 새끼손가락부터 편다. ― '수를 세다'

(5) 양손의 검지를 양 눈 밑에 갖다 댄다. ― '울고 있다'

(6) 양손의 검지를 머리 위에 세운다. ― '화가 났다'

(7) 검지로 자신의 코를 가리킨다. ― '자신을 가리킨다'

(8) 얼굴 앞에서 양쪽 손바닥을 맞닿게 한다. ― '부탁해, 허락해 줘'

(9) 손으로 입을 가린다. ― '웃음을 가린다'

(10) 한쪽 눈 밑을 검지로 끌어당기다. ― '상대방을 놀리는 느낌'

(11) 해답에 ○, ×를 친다. ― '○는 정답, ×는 오답'

(12) 자신의 새끼손가락과 상대방 새끼손가락을 건다. ― '약속하다'

(13) 상대방의 이야기에 고개를 끄덕인다. ― '이야기를 듣고 있다(외국에서는 상대방에게 동의한다는 의미)'

여기에 사례로 든 비언어동작은 일본문화에만 통용되는 것들이다.[51] 시험 삼아 주위 외국인들이 있으면 물어봐도 좋을 것이다. 아무

---

[50] 일본인의 비언어행동에 대해서는 하라사와(原沢, 2005)『日本人教師の非言語動作―学習者の視点から―』를 참고하였음.

렇지 않게 하는 동작은 일본인에게만 통용되는 경우가 많다. 그렇기 때문에 이 비언어행동을 통해 상대방이 일본인인지 아닌지를 간단하게 알 수 있게 된다.

밴쿠버는 캐나다에서도 가장 유명한 국제적인 도시 중 하나이다. 길을 걷고 있으면 중국계 동양인이 많다. 내가 방문했던 때가 마침 여름이어서 일본에서 온 관광객이나 학생들이 많이 보였다. 마을을 산책하면서 이쪽은 일본인 단체, 저쪽은 중국인 등으로 내 나름대로 구분하는 것을 즐기면서 걷고 있었다.

일본에서 온 관광객은 그 옷차림이나 행동을 통해 바로 구별할 수 있지만 현지에서 공부하고 있는 일본인은 구별하기가 쉽지 않다. 현지화가 되어 있어 중국계 주민과 구별하기가 어려울 때가 있다. 어느 날 카페에 2~3명의 동양계 여성들이 이야기하며 음료를 마시고 있었다. 복장만으로는 알기 어려워서 일본인인지 중국인인지 구별하지 못했는데 그 중 한 사람이 머리카락을 만지기 시작했다. 그렇지! 이것으로 일본인이라고 직감했다. 젊은 일본 여성은 머리카락 만지는 것을 좋아한다. 외국여성은 머리카락을 긁는 경우는 있어도 만지는 동작은 별로 하지 않는다.

비언어동작에서 일본인을 구별하는 다른 한 가지 예를 더 제시한다. 인도네시아의 국내선에서 피부가 까무잡잡한 남성과 함께 탄 적이 있다. 이 사람의 외관을 보고 처음에는 인도네시아 사람이라고 생각했지만 그 사람이 기내식을 먹는 모습을 보고 인도네시아인이 아니

---

51 [역주] 저자는 이와 같은 비언어동작이 일본문화에만 통용되는 것이라 설명하고 있으나, 실제는 한국 문화에도 상당 부분 해당된다. 나라별 비언어행동의 차이를 보다 상세히 살펴볼 필요가 있다.

라 일본인이라고 확신했다. 포크로 음식을 입으로 가져갈 때 왼손으로 음식이 바닥에 떨어지지 않도록 하는 것이었다. 이러한 방식은 일본인이 젓가락으로 무언가를 집어 먹을 때 하는 동작이다. 일본인은 포크로 먹어도 이 버릇이 그대로 나온다. 이 사람과 이야기해 보지는 않았지만 그 후 일본여권을 꺼내는 것을 보고 역시나라고 생각했다.

이처럼 대화를 하지 않고도 우리의 비언어행동은 메시지를 전달하고 있다. 어느 일본인이 프랑스인 문화인류학자와 함께 파리의 미술관을 방문했을 때의 이야기이다. 파리의 미술관은 전 세계에서 찾아오는 관광객으로 붐비는 장소이다. 그 모습을 2층 테라스에서 바라보고 있는데 이 문화인류학자가 동양에서 온 관광객에 대해 일본인인지 중국인인지 맞춰보자고 이야기를 꺼냈다. 눈을 크게 뜨고 열심히 보아도 동양계 관광객이 일본인인지 중국인인지 확신할 수 없었다.

그러나 이 프랑스인은 자신감에 찬 얼굴로 저 남자는 중국인이고 저쪽 부인은 일본인이라고 맞히는 것이었다. 이 일본인이 신기해하자 프랑스인 문화인류학자가 그 비결을 가르쳐 주었다. 그것은 걸음걸이에서 알 수 있다는 것이었다.

즉 일본인들은 신발을 끌면서 걷고 발바닥이 완전하게 지면에서 떨어지지 않거나 아주 조금만 떨어진다고 한다. 이에 반해 중국인들은 확실히 발바닥을 지면에서 떨어뜨려 걷는다. 일본인들은 질질 끌면서 걷고 중국인들은 무릎도 많이 굽히며 성큼성큼 걷는다는 것이다.

이처럼 문화에 따라 다양한 비언어동작이 있지만 물론 공통되는 것도 많다. 예를 들어 기쁘거나 화나거나 슬프거나 즐거운 희로애락의 감정은 만국 공통일 것이다. 내가 지역 이문화 연수회에서 강연을 하고 있었을 때 참가자 중 한 사람이 재미있는 체험담을 들려주었다.

한 중년 여성이 중국 베이징 여행을 했을 때의 이야기이다. 만리장성 입구 매표소에서 줄을 서고 있었는데 앞에서 줄줄이 중국인들이 새치기를 하고 있는 것이었다. 매너가 너무나 나빴다고 생각한 이 여성은 이내 한계를 넘어서 "지금 뭐하는 겁니까? 뒤로 줄 서세요!"라고 험악한 표정으로 호통을 쳤다고 한다. 그러자 이 여성의 박력에 놀란 중국인들이 겸연쩍은 듯 새치기를 그만두었다고 한다. 물론 이 여성이 말한 일본어가 상대방에게 통한 것은 아니다. 이 여성의 비언어메시지가 상대방에게 전달된 것이다.

여성의 6번째 감각

스스로가 의식하든 그렇지 않든 비언어 메시지는 자동적으로 상대방에게 전달되는데 이것을 단서로 하여 큰 사건을 해결해 가는 것이 명탐정이다. 명탐정이란 일반인이라면 쉽게 지나치는 작은 것들도 사건의 실마리로 연결하는 관찰능력이 있어야 한다. 동서고금을 막론하고 여러 명탐정이 등장했지만 세계에서 가장 유명한 명탐정을 고르라면 단연 셜록 홈즈일 것이다.

어릴 때 푹 빠져 읽은 홈즈의 작품에는 실마리가 될 만한 물건들로부터 여러 가지를 읽어내는 장면이 몇 차례나 등장한다. 『명탐정 홈즈 네 개의 서명(The sing of Four)』에서는 왓슨 박사로부터 건네받은 회중시계를 보고 이 시계가 왓슨 박사 형의 것으로 아버지에게 물려받았다는 것, 그 형이 칠칠치 못한 성격을 가지고 있으며 장래가 유망했지만 몇 번씩이나 기회를 놓치고 돈이 궁했을 때도 있고 풍족했을 때도 있었으며 마지막에는 술에 빠져 사망했다는 사실들을 멋지게 추리해서 왓슨 박사의 감탄을 자아낸다.

홈즈는 오래된 회중시계에 각인된 이니셜이나 패인 곳, 흠이 생긴 모양, 일련번호 등으로부터 이 시계 주인의 성격까지 알아맞혔다. 시계에 각인되어 있던 비언어 메시지를 정확히 해석해 내는 능력이 압권이었다. 명탐정은 비언어 메시지의 뛰어난 관찰자인 것이다.

명탐정 홈즈의 뛰어난 관찰력은 굉장한 것이지만 그것은 어디까지나 소설에서의 이야기이고 현실에서 그런 사람은 없을지도 모른다. 하지만 우리 주변에도 홈즈처럼 뛰어난 관찰력을 가진 사람이 있다는 사실을 알고 있는가? 기혼남성이라면 아마 알고 있을 것이다. 그것은 바로 여성들이다.

예전부터 여성의 육감(六感)은 날카롭다고 했다. 육감이라는 것은 무엇일까? 오감은 시각, 청각, 후각, 미각, 촉각이고 육감이라는 것은 그것을 뛰어넘는 특수한 능력이라고 여긴다. 실제 이 육감은 비언어 메시지를 감지할 수 있는 능력이라고 생각한다. 즉 오감을 풀가동시켜 남자들이 감지할 수 없는 세세한 메시지를 알아차리는 능력을 말하는 것이다.

남자의 바람기는 바로 들통이 난다고 한다. 아무리 평소와 다름없는 얼굴을 하고 행동해도 부인은 알아차리고 만다. 비언어 메시지는 그 인간의 의지와는 관계가 없다. 세상의 남성들이 아무리 교묘하게 숨기고 있다고 생각해도 마음속으로 생각하고 있는 것이 비언어 메시지가 되어 부인의 센서가 반응하는 것이다.

남녀관계학에 관한 책을 쓴 감성애널리스트인 구로카와 이호코(黑川伊保子) 씨는 우뇌와 좌뇌를 연결하는 뇌량(腦梁)이 남성보다 여성이 굵다고 지적하고 있다. 이를 통해 여성의 날카로운 관찰력을 설명해 본다. 예를 들어 "잼은 어디 있어?"라고 묻는 남편에게 "냉장고에 있어."라고 부인이 말한다. 남편은 냉장고 안을 찾아보지만 찾지 못한다. 그러면 부인이 냉장고까지 직접 와서 "여기 있잖아!"라고 눈앞에 있는 잼을 가리키며 남편을 노려본다.

이것은 남성의 경우 두 눈으로 봤던 영상을 입체적으로 파악해서 뒤쪽까지 살펴보는 반면 뇌량이 굵은 여성은 눈앞의 세계를 사진과 같이 파악해서 평면적으로 바라보기 때문이라고 한다. 여성은 물건의 위치나 그림, 도안 등을 무의식적으로 기억하고 있고 그 차이를 금방 알아차린다. 일상생활에서 남성은 전체적인 것을 보고 있기 때문에 세세한 부분까지는 신경을 쓰기가 어려운 것이다. 부인이 평소와 다른 화장을 하고 머리 스타일을 바꾸고 새로운 옷을 입어도 그런 변화를 인지하지 못하는 것은 이런 이유 때문이다. 이에 반해 부인은 직감적으로 변화를 알아차린다. 새로운 와이셔츠를 입고 평소와 다른 지갑을 가지고 있거나 휴대폰을 신경 쓰는 등 남편의 사소한 변화를 결코 놓치지 않는다.

나는 넥타이를 매고 수업을 하는 경우가 많은데 넥타이 중에 미키마우스 그림이 들어가 있는 것이 있다. 다만 미키마우스가 눈에 띄지 않게 넥타이 무늬 안에 숨어 있어서 자세히 보지 않으면 알아채기가 쉽지 않다. 나도 처음 봤을 때는 알아채지 못했을 정도였다. 이 넥타이를 1년에 몇 차례 정도 매는데 교실에 들어가면 바로 여학생들이 "선생님 넥타이 귀여워요!"라고 이야기한다. 나는 남성 동료들의 넥타이 모양 따위는 전혀 눈에 들어오지 않기 때문에 여학생들의 뛰어난 관찰력에 몹시 놀랐다.

　제2장 '이문화 적응'에서 소개한『말을 듣지 않는 남자 지도를 읽지 못하는 여자』에서 '여자는 레이더 탐지기이다'라고까지 했었다. 이 책에서는 "여자는 남자보다 훨씬 정교한 감각능력을 가지고 있다. 아이도 키우고 집안을 돌보는 입장이기 때문에 다른 사람들의 극히 사소한 기분이나 태도의 변화를 알아챌 필요가 있다는 것이다. 보통 '여자의 직감'이라고 이야기하지만 그것은 상대방의 모습이나 행동의 사소한 부분 같은 조그마한 변화도 놓치지 않는다는 것이다."라고 소개하고 있다. 이처럼 여성은 비언어 메시지를 감지하는 능력에서 남자보다 훨씬 앞서 있다. 남성들은 이런 사실을 똑똑히 이해해 둘 필요가 있다.

감쪽같았던 우정(郵政)선거

　이 장을 읽는 독자들은 아무것도 하지 않아도 메시지가 전달되고 있다는 사실에 분명히 놀랐을 것이다. 우리는 거기에 존재하는 것만으로도 메시지를 발신하고 있다는 것이다. 이 비언어 커뮤니케이션의 중요성을 알면 일상생활의 다양한 분야에서 활용할 수 있다.

　『人は見た目が 9 割(사람은 외관이 90%)』라는 책이 베스트셀러가 되었던 사실을 알고 있는가? 이 책에서는 언어도 물론 중요하지만 그 이상으로 보이는 것이 중요하다는 것을 역설하고 있다. 이 책의 1장에는 앨버트 메라비언이 우리 이미지의 93%가 비언어이고 언어 내용은 단 7%밖에 지나지 않는다는 가설이 소개되어 있다.[52]

이 장 처음에도 언급했던 내용으로 아래의 것들이 바로 **메라비언의 법칙**으로 불리는 것이다. 7-38-55룰이라고도 불리며 커뮤니케이션이나 프레젠테이션 등의 장면에서 많이 알려진 법칙이다.

○ 얼굴표정   55%
○ 목소리의 질(고저), 크기, 템포   38%
○ 이야기 내용   7%

이 법칙을 최대한 활용한 것으로 평가받는 사람이 내각총리였던 고이즈미 준이치로(小泉純一郎) 씨이다. 2005년 제44차 중의원선거, 소위 우정선거에서 대승리를 거두었다. 당시 자민당은 미국의 컨설턴트 회사와 계약해서 매라비언의 법칙에 따른 선거 전략을 제안받았다고 한다.

그 내용을 대략적으로 추측해 보면 다음과 같다. 말은 최소한으로 하고 나머지는 이미지로 선거를 끌어나가자는 것이다. 즉 선거의 쟁점을 우정(郵政) 민영화에 찬성인가 반대인가라는 굉장히 단순명쾌한 것으로 하고 나머지는 고이즈미 수상의 능력으로 극복하자는 것이었다.

이 작전은 예상대로 적중했다. 일본 국민 대다수는 개혁의 상징인 우정 민영화는 좋은 것이고 민영화 반대는 나쁜 것이라는 선입견을 자신도 모르는 사이에 가지게 되었고 우정 민영화 찬성 쪽으로 기세가 크게 기울었다. 반대한다면 자민당 의원이라도 인정하지 않겠다고 하는 고이즈미의 강한 태도와 퍼포먼스에 일본 국민들의 마음이 움직였던 것이다. 선거 결과는 고이즈미 자민당의 압도적인 승리였다.

---

[52] 다케우치 이치로(竹内一朗, 2005) 『人は見た目が9割』新潮親書(p.18)에 의함.

이 선거 스타일은 이후의 선거에 큰 영향을 미쳤다. 2008년 민주당 정권 발족을 야기한 제45차 중의원선거의 쟁점은 정권교체였다. 쟁점을 하나로 하고 나머지는 이미지로 승부를 보는 전략이 정착한 것으로 보인다. 다음 2012년 중의원선거는 반대로 민주당 정권의 계승에 찬성인가 반대인가라는 선거가 되었다. 결과는 모두가 알고 있듯이 일본 국민 대다수가 민주당 정권 계승에 NO를 선택하였다.

나는 지금까지 많은 강연을 들었지만 그 내용은 전혀 기억나지 않는다. 그러나 강연장의 모습이나 강연자의 분위기는 시각적으로 떠올릴 수 있다. 정말로 앨버트 메라비언의 법칙 그대로인 것이다.

내가 미국 유학을 간 것은 지금부터 약 30년 전의 일이다. 그때 홈스테이를 했던 가족과 함께 교회에 가서 목사님의 설교를 들은 적이 있다. 당시의 교회나 같이 갔던 가족의 모습은 시각적으로 머릿속에 떠올릴 수 있다. 그러나 가족과의 대화나 목사님의 이야기는 한마디 구절을 제외하고는 전혀 기억나지 않는다. 그 구절은 목사님이 반복해서 말했던 "Time is short."라는 말이었다. 목사님이 이야기했던 내용은 전혀 기억나지 않지만 이 구절은 34년이 지난 지금도 생생히 기억하고 있다.

우리는 '말'이 넘치는 세상 속에 살고 있다. 그럼에도 우리는 대부분을 잊어버린다. 그러나 그 자리의 분위기나 모습은 시각적으로 떠올릴 수 있다. 따라서 말은 최소한으로 하고 나머지는 비언어에 호소하는 방법은 선거에서 뿐만 아니라 다른 상황에서도 효력을 발휘한다고 할 수 있을 것이다.

제7장

마법의 맞장구
(어서티브 커뮤니케이션을 이해하는 장)

마법의 맞장구

(어서티브 커뮤니케이션을 이해하는 장)

【키워드】

□ 어서티브 커뮤니케이션(Assertive Communication)

□ 공격적 커뮤니케이션   □ 수동적 커뮤니케이션

□ 액티브 리스닝(Active Listening)   □ 공감적 주장(Empathic Assertion)

□ 열린 질문(Open Question)   □ 닫힌 질문(Closed Question)

□ 1인칭 주어문(I statement)   □ 2인칭 주어문

□ 서로 다른 주장   □ 윈-윈(win-win)

　　이문화와 친숙해지려면 이문화를 단순히 이해하는 것뿐만 아니라 자문화(자신)를 바르게 전달할 수 있어야 한다. 그러려면 어서티브 커뮤니케이션(Assertive Communication) 지식이 중요하다. 자신의 커뮤니케이션 스타일을 알고 그것을 개선하여 어서티브 커뮤니케이션을 익혀 보자. 개그맨들의 비밀기술을 참고하면서 즐겁게 실천력을 높여가도록 하자.

진정한 커뮤니케이션이란?

드디어 마지막 장이다. 지금까지 이문화 커뮤니케이션에 대해 다양한 각도로 여러분과 함께 생각해 보았다. 이를 통해 우리 일상생활 그 자체가 이문화 커뮤니케이션이라는 것을 알 수 있었을 것이다. 다문화 공생 사회에서 우리가 행복하게 생활하려면 이문화와의 교류를 잘 실천해 가야 한다. 그러려면 이문화에 대한 이해의 중요성은 아무리 강조해도 지나치지 않을 것이다.

다만 여기에서 잠시 생각해 보자. 커뮤니케이션이라는 것은 상호교류를 의미하는 것이다. 여러분이 이문화를 잘 이해하고 상대방을 바르게 인식할 수 있게 되었다고 하더라도 상대방이 나를 이해해 주지 않는다면 어떻게 될까? 커뮤니케이션이 그나마 성립된다고 하더라도 그것은 일방통행의 커뮤니케이션이 되고 여러분만 참게 되는 형국이 된다. 상대방만을 존중하고 자신의 감정을 억누른다면 스트레스가 쌓이고 결국 정신적으로 압박을 받게 될 것이다.

커뮤니케이션은 쌍방향적으로 서로의 기분을 이해해야만 서로가 만족할 수 있는 인간관계가 성립한다. 다른 사람과의 커뮤니케이션에서는 상대방을 중요하게 생각하는 동시에 자신 또한 중요하게 생각하는 상호교류의 스타일이 필요한 것이다.

상대방을 존중하면서 자신의 감정도 분명히 전달하는 커뮤니케이션을 **어서티브 커뮤니케이션(Assertive Communication)**이라 한다. 자신과 상대방 모두의 권리를 중요하게 생각하는 커뮤니케이션 스타일로서 1960년대 이후 미국에서의 인권옹호 사상과 운동을 기초로 발전해 왔다. 이문화 커뮤니케이션의 종합 정리로서 이 스타일에 대해 알아보도록 하자.

자신의 스타일을 알다

우리는 매일 다른 사람들과 커뮤니케이션을 나누며 생활하기 때문에 다양한 사람의 생각을 이해하는 것은 매우 중요하다. 그리고 상대방의 기분을 이해하기에 앞서 자신의 기분도 상대방에게 정확히 전달하는 것이 원활한 커뮤니케이션의 성립으로 이어진다.

이를 위해서는 어서티브 커뮤니케이션을 익힐 필요가 있고 그 전에 우리는 자신의 커뮤니케이션 스타일이 어떠한가 알아 둘 필요가 있다. 어서티브 커뮤니케이션의 본론에 들어가기 전에 먼저 자신이 어떤 스타일의 커뮤니케이션을 하고 있는지 생각해 보자.

다음의 9개 질문에 대답해 보자. 그 다음 ○를 체크한 숫자를 아래의 방법으로 합계를 낸 다음 그것을 표 안에 적고 그래프를 완성해 보자.[53]

---

[53] 하라사와(原沢, 2013) 『異文化理解入門』研究社(pp.182-183)에서 인용.

〈표7〉 자신의 스타일을 알다

만약 상대방과 의견이 다르다면 당신은 어떤 대응을 취할 것인가? 다음 항목 중에서 가장 적합한 것에 O를 표시하시오.

그렇다 : 2   어느 쪽도 아니다: 1   그렇지 않다 :0

① 서먹해지지 않도록 상대방에게 양보하는 경우가 많다.	2 · 1 · 0
② 옳다고 생각하면 자신의 의견을 바꾸지 않는 편이다.	2 · 1 · 0
③ 상대방의 의견을 참고하며 건설적인 의견을 제안한다.	2 · 1 · 0
④ 자신의 의견에 상대방이 상처받지는 않을까 걱정한다.	2 · 1 · 0
⑤ 상대방의 기분을 생각하며 자신의 의견을 말하려고 노력한다.	2 · 1 · 0
⑥ 자신의 의견이 받아들여지지 않으면 불쾌한 기분이 든다.	2 · 1 · 0
⑦ 자신이 말하고 싶은 것이 있어도 하지 않는 경우가 많다.	2 · 1 · 0
⑧ 상대방의 의견을 받아들이면 지는 기분이 든다.	2 · 1 · 0
⑨ 자신과 상대방 양쪽이 만족할 만한 해결방법을 찾으려고 한다.	2 · 1 · 0

당신의 커뮤니케이션 스타일

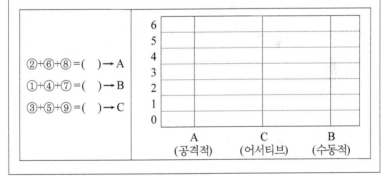

채점 결과 어떤 그래프가 되었는가? A는 상대방과 타협하지 않고 자신의 생각을 관철하려는 의지의 강도를 나타내고 있다. 이 요소가 강하게 나오면 공격적인 커뮤니케이션이 된다. B는 자신보다도 상대방을 배려하는 상냥함을 나타내고 있다. 이 요소가 지나치게 강하면 스트레스를 받기 쉽다. 일본인에게 많은 유형이라고 할 수 있다. C는 자신과 상대방을 모두 생각하며 양쪽이 만족할 만한 해결방안을 찾으려는 스타일이다. 상호교류형 스타일이라고 할 수 있다. A가 **공격적 커뮤니케이션**, B가 **수동적 커뮤니케이션**, C가 **어서티브 커뮤니케이션**이다.

이 세 가지 요소 중 어느 한 가지가 6점이고 그 외에 것이 0점인 사람은 없을 것이다. 우리 모두는 이 세 가지 요소를 다 가지고 있어서 상황이나 상대에 맞게 커뮤니케이션 스타일을 구분해서 사용하기 때문이다. C를 정점으로 하는 삼각형의 그래프가 이상적이지만 질문하는 상대를 바꾸는 것만으로도 당신의 그래프는 크게 바뀔 가능성이 있다.

여러분이 친한 사람과 어떤 스타일로 접하고 있는지 생각해 보면 좋을 것이다. 부부관계나 가족관계, 부하직원과의 관계에 있어서 공격적 커뮤니케이션 스타일을 가지고 있지는 않은가? 반대로 수동적 커뮤니케이션 스타일을 가지고 있지는 않은가? 어떠한 경우에도 자신과 상대방 양쪽 모두를 중요하게 생각하는 상호적 커뮤니케이션에 주의를 기울이는 것이 생활을 보다 윤택하게 해 줄 것이다.

이제 이 3가지 커뮤니케이션 스타일을 구체적인 사례로 생각해 보자. 각각의 대응에 대해 공격적(A), 수동적(B), 어서티브(C) 스타일 중 어디에 해당하는지 표시해 보자.[54]

---

[54] 하라사와(原沢, 2013) 『異文化理解入門』研究社(p.184)에서 인용, 일부 수정함.

(1) 유원지에서 놀이기구를 타려고 줄을 섰는데 내 앞에 새치기를 한 사람
   이 있다.

(　　) : 저기, 줄 마지막은 저쪽입니다.

(　　) : ……(저 뻔뻔한 인간)

(　　) : 저기, 지금 줄서 있는데요. 새치기하지 마세요.

(2) 일이 많아 바쁠 때 과장님이 새로운 일을 더 주셨다.

(　　) : 아, 알겠습니다. (이렇게 바쁜데 어쩌지…)

(　　) : 지금 ○○을 하고 있어서 바쁜데 어느 것을 먼저 하는 게 좋을까요?

(　　) : 과장님, 죄송합니다. 이렇게 일을 맡고 있는데 또 다른 일을 하라는
   겁니까?

(3) 애인과 데이트를 하기로 했는데 상대방 사정으로 갑자기 약속이 취소
   되었다.

(　　) : 아 그래? 알겠어. (기대하고 있었는데…)

(　　) : 오늘을 위해서 휴가까지 냈는데 정말 이러기니?

(　　) : 아쉽다. 내가 허락해 주는 대신 다음엔 맛있는 거 사줘.

여러분은 어떤 스타일로 대응하고 있는가? (정답은 (1) CBA, (2)
BCA, (3) BAC)

자신이 이야기하고자 하는 바를 상대방에게 전달하는 것은 참으로
어려운 일이다. 강하게 주장하면 고집이 세다고 할 것이고 잠자코 있
으면 스트레스가 쌓이게 된다. 따라서 어서티브 커뮤니케이션을 익히
는 것이 바람직하다.

무언의 저항

나는 직장 사람들과의 인간관계에서는 어서티브 스타일을 하도록 노력하는데 가정에서 아이들과의 관계에서는 공격적인 스타일이라는 것을 깨닫게 된 일이 있다. 막내 아들이 중학교 1학년이었을 때 시킨 일을 하지 않았다고 생각한 나는 상당히 강한 어조로 아이를 나무란 적이 있다. 아이의 사정은 전혀 듣지 않고 일방적으로 화를 냈던 것이다. 그 후 3주 동안 아들은 나와 일절 대화를 하려고 하지 않았다.

이 행동에는 나도 두 손을 들었다. 아이라고 생각해서 며칠 지나면 원래대로 돌아올 것이라고 생각했는데 그것은 안일한 생각이었다. 아들은 생각보다 화가 많이 난 모양이었다. 그 후 나도 반성하고 아들에게 사과했으나 아들은 완강하게 나의 사과를 받아주지 않았다. 곤란한 나날이 이어졌고 하루하루가 힘들었다. 결국 마지막에는 아이의 외할아버지가 곁에서 도와주셔서 간신히 입을 열게 되었지만 한때는 이대로 부자관계가 끝나는 것이 아닌가라고 생각할 정도였다.

대학에서의 수업이나 사회인 강좌에서 잘난 듯이 이문화 이해의 중요성을 전달하고 있지만 정작 가장 중요한 가족 간에 그것도 아들과의 커뮤니케이션이 이런 식이라면 어찌할 도리가 없는 것이다. 핑계를 대자면 초등학생 때처럼 말을 듣지 않는 장난꾸러기에게 설교하는 태도로 야단을 쳤는데 아들은 이미 자아를 자각하는 감수성이 예민한 아이로 성장한 것이었다.

아들을 하나의 인격체로 인정하지 않는 나의 무심한 질책 때문에 아들은 참지 못하고 무언의 저항이라는 형태로 각을 세운 것이었다. 아이들과의 대화 방법에 고민하는 부모가 많다고 생각되는데 내 경험으로는 한 사람의 대등한 인간으로 대해주는 것이 가장 좋은 해결책이라고 확신을 가지고 말할 수 있다.

내 경험에서도 알 수 있듯이 아이가 반항하는 원인은 부모나 주변 어른들의 일방적인 강압에 있다. 대부분의 아이들은 사춘기가 되면 반항기를 맞이한다고 한다. 초등학생 때까지는 엄마아빠를 좋아하며 어디에 가더라도 따라오던 아이가 어쩐 일인지 말을 듣지 않게 되고 심한 경우에는 부모를 욕하는 아이로 변하게 된다. 그런 아이의 변화에 부모들은 어찌할 바를 몰라 당황할 뿐이다. 초등학생 때까지는 부모의 말을 거스를 수 없는 자아가 확립되지 않은 존재이다. 부모의 말은 절대적이고 받아들여야 하는 것이다.

그러나 사춘기가 됨에 따라 스스로 판단하는 능력이 생기게 된다. 지금까지 부모에게 의존해 왔던 아이가 스스로 생각하게 되고 무슨 일이든 자신이 선택해 가려고 한다. 이러한 사춘기의 아이들에게 지금까지 해 왔던 명령조의 말투로 대하게 되면 내 경우처럼 아이의 반발을 불러일으키게 되는 것이다.

이와는 반대로 아이의 반항기가 없는 가정도 있다. 그것은 아이를 하나의 인격체로 자신들과 대등하게 대우해 주고 있기 때문이다. 사춘기 청소년은 몸도 마음도 커가는 단계이기 때문에 부모 입장에서는 불안해 보일 수 있지만 부모로부터 독립하려는 아이들의 의지를 존중하면서 따뜻하게 지켜보는 자세가 부모에게 필요한 것이다.

사회에서 상사나 동료와의 관계에서는 각각의 주장을 받아들이는 사람이라도 부하직원과의 관계에서는 어떠할까? 자신의 의견만 강하게 주장하려는 공격적인 스타일을 취하고 있지는 않는가? 집 밖에서는 다른 사람을 배려할 수 있는 사람이라도 집 안에서는 남편이나 부인에 대해 위압적인 태도를 취하고 있지는 않는가? 우리는 어떠한 상황에서도 어서티브 커뮤니케이션을 지향해야 할 것이다.

아래에서는 이 스타일에서 중요한 5가지 포인트를 설명한다. 그것은 액티브 리스닝(Active Listening), 공감적 주장, 열린 질문(Open Question), 1인칭 주어문(I statement), 서로 다른 주장의 5가지이다.[55]

개그맨의 화술 비법

액티브 리스닝(Active Listening)은 일본어로는 적극적인 경청이라 불리는 것으로 진지하게 상대방이 이야기하고자 하는 것에 귀 기울여 상대방의 생각을 이해하고자 노력하는 태도를 말한다. 액티브 리스닝에서는 상대방의 기분이나 의견을 이해하고자 하는 열의가 느껴진다. 그러나 단지 이야기를 듣는 것만으로 좋다는 것은 아니다. 마음을 열고 자신이 듣고 싶지 않은 것도 들으려고 하는 자세가 반드시 필요하다.

따라서 액티브 리스닝의 포인트는 맞장구이다. 'うん(응)', 'ええ(네)', 'そう(그래)', 'へえ(그래?)', 'そうなんだ(그렇구나)', 'なるほど(그렇군요)'와 같이 대답함으로써 상대방의 말하는 리듬이 좋아지게 된다. 상대방도 자신의 의견을 들어주고 있다고 느끼기 때문에 더욱 열변을 토하게 된다. 맞장구는 액티브 리스닝을 효과적으로 수행하는데 있어서 없어서는 안 되는 기술인 것이다.

---

[55] 여기에서 소개하는 5가지 포인트는 야시로 쿄코 외(八代京子ほか, 2001) 『異文化コミュニケーション・ワークブック』三修社(pp.146-149)를 참고하였음.

내가 좋아하는 TV프로그램 중 하나가 어느 공영방송국이 제작한 '課外授業にようこそ先輩(과외수업에 어서 오세요, 선배)'라는 프로그램이다. 이 프로그램은 매회 여러 분야의 전문가가 자신이 졸업한 초등학교를 찾아 과외수업을 한다는 기획이다. 게스트의 전문 분야를 알기 쉽게 아이들에게 전달하고, 배우는 재미를 가르쳐 주는 프로그램이다. 이 프로그램에 개그맨인 런던부츠 1호2호(ロンドンブーツ1号2号)인 다무라 아츠시(田村淳) 씨가 출연했다.

솔직히 얘기하면 나는 그때까지 다무라 아츠시 씨에게 그다지 좋은 인상을 가지고 있지 않았다. 비전문가나 초심자에게 장난을 거는 방식에는 혐오감마저 들었던 적이 있었다. 나는 그가 어떤 수업을 하는지 흥미진진하게 보고 있었는데 그의 의외의 모습에 조금 놀랐었다. 그가 평소에 하고 있는 화술(話術)을 아이들에게 가르쳐 주는 것이었다.

과외수업 내용은 다무라 씨의 출신지이며 아이들이 살고 있는 야마구치(山口)현 시모노세키(下関)시 히코시마(彦島)의 PR프로그램을 만드는 것이었다. 그룹을 나누어 히코시마의 자랑거리를 찾아 그것을 소개하는 방식이었다. 따라서 취재를 해야만 했다. 거기에 필요한 것이 취재를 받는 상대방의 기분이 좋아지도록 이야기를 끌어가는 화술인 것이다.

다무라 씨는 상대방이 이야기를 꺼낼 수 있도록 그들의 이야기를 잘 들어야 한다고 하며 그가 평상시에 하고 있는 테크닉을 아이들에게 전수했다. 그것은 바로 'へえー(그래요?)', 'はいはいはい(네네네)', 'なるほど(그렇군요)'의 3가지 맞장구였다. 상대방이 이야기를 할 때 이 맞장구를 사용하면 말하고 있는 상대방의 기분이 좋아지고 잘 들

을 수 없는 이야기까지 들려주게 된다. 이것은 인간의 심리를 이용한 다무라식 대화의 비법을 전수한 것이다.

아이들은 학교를 나와 히코시마에서 처음으로 만난 어른들에게 돌격취재를 시도했다. 거기서 다무라 씨가 알려준 마법의 맞장구를 사용하자 딱딱했던 어른들의 표정이 변하기 시작했다. 인터뷰를 받고 있던 노인이 웃는 얼굴로 자랑거리를 이야기하고 심지어 노래까지 부르기 시작했다. 자신의 이야기를 열심히 들어준다고 생각하는 것만으로 상대방에게 마음을 열게 된 것이다. 다무라 씨가 사회를 보는 화술의 이면에는 이런 테크닉이 숨어 있었던 것인가 놀라웠다. 동시에 프로그램에서 보여준 진지한 말투에 나도 모르게 끌려들어갔다.

그의 이런 테크닉은 마법이나 특별한 것이 아니라 바로 액티브 리스닝 그 자체이다. 상대방의 이야기를 잘 듣고 진지하게 경청하는 방법으로 세 가지 맞장구를 이용하는 것이다. 'へえ―(그래요?)'는 상대방의 말에 흥미를 갖고 있다는 것을, 'はいはいはい(네네네)'는 공감하고 있다는 것을, 'なるほど(그렇군요)'는 감탄의 기분을 상대방에게 전달한다. 상대방이 자신의 이야기에 흥미를 가지고 있고 공감하고 감탄해 준다면 누구라도 기쁠 것이다. 이야기를 더 해주려고 생각할 것이다. 이런 다무라식 대화의 비법은 아이들뿐만 아니라 우리도 즉시 사용할 수 있는 마법의 맞장구라고 할 수 있을 것이다.

네네네! (はいはいはい!)

액티브 리스닝에서는 상대방의 이야기를 진지하게 듣는 자세가 필

요하다. 그러려면 맞장구가 중요한 것이라는 것을 확인하였다. 다무라 씨의 세 가지 맞장구 중 'はいはいはい(네네네)'는 상대방에게 공감을 전달하고 있다. 자신도 그렇게 생각한다는 기분을 나타내고 있는 것이다. 이것이 **공감적 주장**이다.

상대방은 자신의 기분이 전달되지 않았다는 생각이 들면 자신의 주장을 계속해서 이야기한다. 그러나 자신의 기분을 상대방이 이해했다고 생각하면 상대방의 주장에도 마음을 열게 된다.

자신이 생각하고 있는 것을 상대방에게 적절하고도 효과적으로 전달할 수 있는 능력을 대인관계 능력이라고 한다. 이 능력에서 가장 중요하게 여겨지는 것이 바로 공감능력이다. 자신의 시점이 아니라 상대방의 시점에서 상대방의 생각이나 감정을 이해할 수 있는 능력이다. 독자들도 이해하는 바와 같이 이 공감능력은 이문화 이해력과 겹치는 부분이 많다. 자신 주변의 이문화를 바르게 이해하는 것이 공감능력과 연결된다고 할 수 있는 것이다.

이 책에서는 이문화 이해의 중요성을 반복해서 지적하고 있고 이를 위해 필요한 이론을 우리 주변의 소재를 통해 설명해 왔다. 따라서 지금까지 이 책을 읽은 독자들은 상대방과 공감한다는 것이 어떠한 의미인지 잘 이해하고 있을 것이다. 상대방을 받아들이고 이해한다는 것은 자문화의 가치관에서 한발 벗어나 객관적인 입장에 서는 것을 의미한다.

다만 상대방을 이해한다는 것만으로는 내면적인 공감에 지나지 않는다. 공감적 주장이라는 것은 자신이 이해했다는 것을 상대방에게 전달해야 하는 것이다. '잘 이해해 주고 있다'라고 상대방이 생각할 수 있게끔 만들어 주는 것이다. 그래서 필요한 것이 리액션이다. 다무

라 씨의 마법의 맞장구 'はいはいはい(네네네)'도 그런 의미에서 매우 효과적인 리액션이라고 할 수 있다.

말뿐만 아니라 비언어적인 메시지도 필요하다. 표정이나 제스처로 맞장구를 보조하는 것이다. '당신의 이야기를 듣고 있다'는 진지한 눈빛, 상대방의 말에 공감하는 기분을 맞장구와 함께 표정으로 나타낼 수 있다면 상대방은 분명히 당신에게 호감을 가지게 될 것이다. 자신의 생각에 공감해 주는 사람에게 자신을 좀 더 알려주고 싶다고 생각하게 된다. 그렇게 하면 여러분이 생각하는 대로 상대방과 이야기를 계속 이어갈 수 있게 되는 것이다.

부하직원의 입을 열게 하다

대화에서 상대방에게 어떻게 질문하는가는 소통의 포인트가 된다. 이 경우의 질문 방법에는 **닫힌 질문(closed question)**과 **열린 질문(open question)** 두 가지가 있다. 상대방이 '네/아니오'나 'A나 B' 둘 중 하나로 대답하게 하는 한정된 질문 방식을 닫힌 질문이라고 한다. 한편 '어떻게 생각해?', '어떻게 하면 좋을까?' 등 제약을 두지 않고 자유롭게 대답하는 질문 방식을 열린 질문이라고 한다. 닫힌 질문은 상대방의 기분이나 의견을 확인하고 싶을 때 편리하고 열린 질문은 상대방으로부터 보다 많은 정보를 얻어내고 싶을 때 유용하다.

액티브 리스닝에서는 '네/아니오'나 'A 아니면 B' 등 간단하게 대답할 수 있는 닫힌 질문보다는 상대방이 자유롭게 의견을 낼 수 있는 열린 질문을 의식적으로 활용해야 한다. '어째서?', '왜?', '어떻게?',

'어떻게 해서?' 등의 표현으로 질문하면 보다 많은 정보를 이끌어 낼 수 있기 때문이다.

예를 들어 실수한 부하직원과의 대화에서 '실수에 대해 반성하고 있는가?'라고 물어보면 '네'라고 밖에 대답하지 않을 것이다. 그러나 '왜 실수했다고 생각해?'라고 물어본다면 자기 나름의 실수 원인을 이야기해 줄 것이다. 그렇게 하면 거기에서부터 '액티브 리스닝'이나 '공감적 주장' 등으로 보다 많은 정보를 공유할 수 있고 실수로부터 배우는 것도 많이 찾아낼 수 있을 것이다.

만약 부하직원이 실수에 대한 불만이 있다면 그것을 들어보고 알아낼 수도 있다. 어쩌면 실수의 진짜 원인은 부하직원에게 있는 것이 아니라 다른 것과 관련이 있을지도 모른다. 실수에 대해 부하직원이 불만을 가지고 있다고 하면 그러한 부하직원의 기분을 풀어주는 것도 가능할 것이다. 그 경우 질문하는 상사의 태도도 중요하다. 무엇을 이야기해도 받아줄 수 있을 것 같다고 느끼는 분위기가 먼저 형성되어야 한다. 처음부터 부하직원의 실수를 나무라는 상황에서는 아무리 열린 질문을 하더라도 부하직원의 입을 열게 할 수 없을 것이다.

상사와 부하직원의 관계는 아니지만 부모와 자식 간의 관계도 이와 유사하다. 이 장의 첫 부분에 중학생인 막내아들이 오랫동안 입을 닫고 대화를 단절했다고 이야기했는데 한 살 위인 둘째가 초등학생 때 매번 이야기한 것을 듣지 않아 화를 낸 적이 있었다. 그 때 아이가 말을 하도록 열린 질문을 한 적이 있다. 그러나 아이는 아무런 대꾸도 하지 않았다. 내가 화를 내고 있는 상황에서는 단순히 열린 형태로 질문을 해도 거의 대답을 기대할 수 없다. 자유롭게 이야기를 할 수 있는 분위기가 필요한 것이다.

나의 경우 아이를 혼내기 전에 먼저 열린 형태로 질문을 해야 했었다. 아이를 혼내고 난 후에는 이미 대화를 이끌어가기가 어렵다. 또한 열린 질문은 닫힌 질문에 비해 자유로운 대답을 기대할 수 있는 반면 스스로 생각을 정리해야 하기 때문에 그만큼 답변자에게 부담이 많은 질문이기도 하다. 상대나 상황에 따라 분별 있는 사용이 필요한 것이다.

이 두 가지 질문형식에 관해서는 문화의 차이도 관계가 있다. 일본에서는 상대방을 배려하는 문화가 있다. 자신의 의견을 강하게 주장하는 것을 선호하지 않는다. 예를 들어 다른 사람의 집에 초대 받았을 때 "음료는 뭐로 하시겠어요?"라고 열린 질문을 받아도 "아무거나 괜찮습니다."라고 대답하는 것이 보통이다. 이것은 자신이 희망하는 것을 말하는 것이 상대방을 난처하게 만들 수도 있다는 것을 걱정하는 것이다. "아무거나 괜찮습니다."라고 말함으로써 상대방의 입장에서 형편에 맞는 적절한 음료수를 제공한다는 기분이 작용하고 있는 것이다.

서양에서는 일본과 반대로 자신의 의견을 확실히 이야기하지 않는 것은 흥미가 없다는 의사표현으로 받아들여 상대방에게 실례가 된다. "음료는 뭐로 하시겠습니까?"라고 물어본다면 "커피가 좋습니다."와 같이 자신의 기분을 솔직하게 표현하는 것이 좋다. 미국인으로부터 일본인에게 무엇을 먹고 싶은지 물어봐도 "아무거나 좋다."라고 이야기해서 당황했다는 이야기를 들은 적이 있다.

이러한 미국인에게 충고를 하자면 일본인에게는 대답 범위가 한정되어 있는 닫힌 질문을 하는 것이 좋다고 이야기해 주고 싶다. "커피가 좋습니까? 홍차가 좋습니까?"나 "스테이크 드실래요?" 등의 질문에는 확실히 자기의사를 표현할 것이다.

자신의 기분을 호소하다

상대방의 기분을 이해한 상태에서 자신의 기분도 상대방에게 전달할 때 효과를 발하는 것이 '나'를 주어로 해서 자신이 느낀 것을 솔직하게 전달하는 **'1인칭 주어문'**(I statement)이다. '1인칭 주어문'은 운동이나 공부 등을 지도할 때에도 사용되는 테크닉이다.

선수의 행동이나 태도에 대해 충고할 때 '상대'를 주어로 하는 방식(2인칭 주어문)은 꾸짖는 듯한 말투로 들려 선수의 반발심을 불러일으킬 위험성이 있다. 그것보다는 '나'를 주어로 한 문장으로 느낀 점을 지적한다면 선수는 쉽게 받아들일 수 있을 것이다.

예를 들어 "(너는) 좋을 때 폼이랑 지금 너무 달라. 팔꿈치를 더 올리지 않으면 안 돼."라고 이야기하는 것 보다 "(나는) 좋을 때의 폼과는 좀 달라진 느낌이 들어. 팔꿈치를 더 올리면 좋을 것 같아."라고 이야기하는 편이 말투도 부드러워지고 선수도 코치의 지적을 쉽게 받아들이게 된다.

'1인칭 주어문'은 기분이 불안할 때 사용하면 효과적이다. 상대방을 비난하는 '2인칭 주어문'이 아니라 자신의 기분을 호소하는 '1인칭 주어문'을 사용함으로써 상대방도 쉽게 받아들일 수 있기 때문이다. 다음 예문에서 '2인칭 주어문'과 '1인칭 주어문'의 차이를 확인해 보자.

(1) 늦게 돌아온 남편에 대해 아내가
    (2인칭 주어문)
    "늦으면 늦는다고 연락 정도는 해야지!"
    (1인칭 주어문)
    "늦게 오면 걱정되니까 늦을 때는 연락을 해주면 좋겠어."

(2) 부하직원에게 부탁해 두었던 서류가 준비되지 않은 것을 알고

　(2인칭 주어문)

　"대체 뭘 하고 있어? 지금 당장 마무리하세요!"

　(1인칭 주어문)

　"내일까지 서류가 준비 안 되면 곤란해. 어쨌든 빨리 준비해 주세요."

포인트는 상대방을 비난하지 않고 자신의 기분을 상대방에게 호소하는 것이다. 말하기 어려운 것들도 '1인칭 주어문'을 사용하면 말하기가 쉬워질 것이다.

윈-윈(win-win) 정신

상대방과의 커뮤니케이션에서는 서로의 입장 차이를 명확하게 하는 **서로 다른 주장**을 활용함으로써 과제가 정리되고 논의해야 하는 초점이 분명해진다. 또한 이렇게 함으로써 생각지도 못한 오해가 풀리는 경우도 있다.

예를 들어 "이번 프로젝트의 이점은 우리 회사에게는 ……이고, 귀사에게는 ……라고 생각합니다만 어떻게 생각하십니까?", "이 문제점에 대해서 저희는 이렇게 생각하고 있습니다만 그쪽 생각은 어떠십니까?" 등으로 서로의 입장을 확인함으로써 서로에게 이익이 되는 해결방법을 찾을 가능성이 높아진다.

비즈니스에서의 교섭에서 상대방의 이익을 충족시키는 동시에 자신들의 이익도 확보하여 양쪽 모두 납득할 수 있는 형태로 타협을

도모하는 방법을 윈-윈(win-win)이라고 부른다. '나도 이기고 상대방도 이긴다'라는 의미로 거래 등에서 관계되는 양쪽 모두에게 이득이 있도록 하는 방법이다. 자신들만 이기고 상대방이 지는 것과 같은 거래는 결국 오래가지 못한다. 양쪽 모두 상생할 수 있는 방법을 모색하는 것이 성공으로 연결되는 것이다.

외교관계에서도 이러한 생각은 중요하다. 2013년 4월 러시아와의 정상회담 후 기자회견에서 아베(安部) 총리가 러시아와의 경제관계 강화는 양국에게 실익을 가져다 줄 '윈-윈 관계가 될 것이다'라고 발언한 것이 인상적이었다.

윈-윈의 실례로 최근 화제가 되고 있는 그룹쿠폰을 들 수 있다. 그루폰 등으로 불리는 이 쿠폰은 레스토랑이나 레저 관련, 학교 등의 쿠폰을 공동구매함으로써 시세의 반액 이상 큰 할인을 받을 수 있는 쿠폰 서비스를 말한다. TV 등에서 보도되는 경우가 있어 알고 있는 사람도 많을 것이다.

이 할인거래는 윈-윈의 성공적인 사례라 할 수 있다. 손님들은 싸게 물건을 구입할 수 있다는 이점이 있고 가게 측에서는 손님이 늘어나서 가게 홍보와 함께 매출을 올릴 수 있다는 이점이 있다. 결국 양쪽 모두가 이득이 되는 비즈니스 모델이 되었다.

이 외에도 인터넷 사이트인 '価格.com(kakaku.com)'이 있다. 다양한 가게들이 가맹한 쇼핑사이트인데 가맹점 중에서 가격이 가장 저렴한 가게를 골라 상품을 구입할 수 있다. 나도 여기에서 쇼핑을 하는 단골인데 무엇보다 싼 가격에 놀라게 된다. 특히 고가의 제품을 살 때 매우 유용하다. 지금까지 대형TV나 안마의자, 노트북 등 다양한 것들을 구매했는데 가전제품 할인매장보다도 10~20%나 싸게 구입할 수 있는 경우도 있다. 구입하고 싶은 상품이 확정된 경우라면 여기에서 구입하는 것이 메리트가 크다고 할 수 있다.

이 쇼핑서비스도 소비자 측에서는 무엇보다도 가격이 싸다는 큰 메리트가 있고 가게 측도 따로 광고를 하지 않아도 대량으로 물건을 팔 수 있다는 이점이 있다. 특히 인기가 떨어져 재고처분에 어려움을 겪고 있는 가게 입장에서는 이러한 상품들을 확실하게 처분할 수 있다는 것은 큰 장점이 된다.

이처럼 양쪽의 니즈(needs)를 정확히 파악함으로써 양쪽 모두 이익이 나는 방법을 찾는 것이 비즈니스에서의 성공으로 연결되는 것이다. 내 경험에서도 우수한 자동차 영업사원일수록 여기에서 차를 사서 좋았다고 생각할 만한 서비스를 제공해 준다. 영업사원의 입장에서는 차를 팔아서 영업실적을 올릴 수 있고 구매자 역시 할인이나 기타 서비스에 만족하는 것이 거래의 성립으로 연결되는 것이다. 만약 영업사원이 매출을 올리는 데만 급급하여 판매 후 애프터서비스에는 신경 쓰지 않는다면 고객들은 반드시 떠나갈 것이다. 당사자 모두가 만족할 수 있는 관계를 유지할 수 있느냐가 영업하는 사람들의 능력으로 이어지는 것이다.

이것은 비즈니스 사회에만 국한된 이야기가 아니라 매일의 일상적인 커뮤니케이션에도 적용된다. 자신만 일방적으로 이익을 얻으려는 관계가 아니라 상대방과 함께 이익을 얻을 수 있는 관계를 구축하는 것이 서로 도우며 살아가는 인간관계로 이어지는 것이다.

이 장에서는 상대방을 이해함에 그치지 않고 자신의 주장을 상대방에게 전달하는 어서티브 커뮤니케이션에 대해 생각해 보았다. 비즈니스에서는 오랜 기간에 걸쳐 상대방과 교섭하고 있는 경우 몇 번이나 상대방과 이야기할 기회가 있기 때문에 어서티브 커뮤니케이션을 염두에 두고 문제해결을 도모할 수 있다. 하지만 매일매일의 커뮤니케이션에서는 자신의 예상과 다른 갑작스러운 상황이 발생하는 경우가 있다. 그럴 때마다 곧바로 자신의 기분을 적극적으로 전달하는 것은 어렵다. 나도 시간이 지나고 나서 생각해 보면 상대방에게 내 기분을 잘 전달하지 못했다고 반성할 때가 종종 있다.

어서티브 커뮤니케이션을 잘 하려면 평소에도 적극적으로 표현하도록 신경을 쓸 필요가 있다. 어떠한 상황에서도 그 순간 자신의 기분을 정확하게 상대에게 전달할 수 있다면 더 이상 스트레스를 받지 않을 것이다.

이것은 언뜻 어렵게 느껴질 수도 있지만 일상생활에서 끊임없이 의식하고 그러한 표현을 익힘으로써 비로소 획득할 수 있는 능력이 아닐까? 말하기 힘든 것이라도 상대방에게 상처주지 않도록 하는 것이 상대방과 함께 자신을 소중히 여기는 어서티브 커뮤니케이션의 본질이라 할 수 있다.

이 책에서 특별히 전달하고자 한 것이 하나 있다. 그것은 이문화와의 교류를 즐기는 것이다. 매일매일의 생활에서 자신의 기분을 어느 정도 조절할 수 있게 되면 인생은 꽤 즐거워질 것이다. 이문화와의 교류를 즐기려면 이문화 커뮤니케이션의 올바른 지식이 필요하다. 몇 번이고 반복해서 이야기하지만 자기 자신 외에는 모두 이문화이고 자신과 완벽하게 같은 생각을 가진 사람은 없다. 그렇게 생각한다면 다른 사람의 언행에도 크게 동요되지 않는다. '상대방은 그렇게 생각하는구나!'라고 이해하게 된다. 그렇게 된다면 이문화에 대한 스트레스가 줄어들고 반대로 이문화에 대한 흥미가 솟아나게 될 것이다.

문화에는 보이는 문화와 보이지 않는 문화가 있다. 트러블의 원인이 보이지 않는 문화에 있다는 것을 이해한다면 그 원인은 무엇일까 흥미가 생겨날 것이다. 자신의 상식이 비상식이 된다는 것은 상상만으로도 즐겁지 않은가? 사이가 좋은 친구라면 상대방과 통하는 서브컬처를 생각함으로써 서로의 우정을 확인할 수 있다. 부부나 애인관계에 있어서도 두 사람을 이어주는 서브컬처는 무엇인지 그 공통되는 문화를 생각해 보는 것은 두 사람의 인연의 끈을 확인하는 것이 된다.

새로운 생활에 잘 적응하지 못할 때는 문화충격의 단계가 있는 것이라고 자신에게 일깨워 줄 수 있다. 인생에서 자신은 몇 번이나 이문화 적응을 반복하고 있는지 세어보면 좋을 것이다. 분명히 지금도 그 적응 과정에 있을 것이다.

지금까지 그렇게 싸웠던 남편이나 아내의 불평도 우주인의 주장으로 이해한다면 그렇게 생각할 수도 있겠다고 묘하게 납득이 된다. 결혼은 두 사람이 새로운 문화를 만들어 나가는 작업이다. 같은 가치관을 가진 인간이란 이 세상에 존재하지 않는다. 이것을 알게 되면 많은 부분에서 안심하는 커플도 많을 것이다. 싸움이 끊이지 않는 부부들은 지금부터라도 늦지 않다. 서로의 문화를 강요하는 것이 아니라 두 사람이 공유할 수 있는 문화를 만들어 가기를 바란다.

우리는 무의식적으로 스테레오타입을 가지고 상대방을 판단하는 경우가 많다. 자신은 어떤 스테레오타입을 가지고 있는지 생각해 보면 재미있을 것이다. 부정적인 스테레오타입은 편견으로 연결된다. 자신이 가지고 있는 차별 의식을 알아차리는 것도 중요하다.

세상 사람들과 자신의 가치관을 비교함으로써 자신이 어떤 생각을 가지고 있는 인간인지를 객관적으로 파악할 수 있다. 개인주의인지 집단주의인지, 저문맥문화인지 고문맥문화인지, P타임인지 M타임인지, 성선설인지 성악설인지 등 주변 사람들은 어떠한 가치관을 가지고 있을까?

비언어메시지를 의식함으로써 자신을 효과적으로 어필할 수 있게 된다. 자신이 발신하는 무언의 메시지란 어떠한 것인가를 생각해 보면 좋을 것이다. 또한 다른 사람들의 행동을 주의 깊게 살펴보면 지금까지 깨닫지 못했던 것들이 보이게 된다. 보다 좋은 인간관계를 구축하려면 자신의 기분을 분명하게 상대방에게 전달하고자 하는 노력이 필요하다. 적극적인 표현을 몸에 익힘으로써 말하고 싶어도 할 수 없었던 것들을 말할 수 있게 된다면 여러분은 보다 알찬 인생을 보낼 수 있을 것이다.

찾아보기

퀴즈 1

퀴즈 2

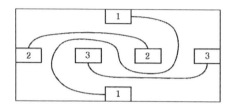

퀴즈 3

퀴즈 4

January, February, March, April, May, June, July, August, …